# 禪與日本文化

## 探索日本技藝內在形式的源頭

ZEN AND JAPANESE CULTURE

傳世
04

鈴木大拙

Daisetz Teitaro Suzuki

# 推薦序

東京大學東洋文化研究所教授 中島隆博

## 大拙逝世五十週年

二〇一六年是鈴木大拙逝世五十週年。各地舉辦了一系列展覽會和研討會，以茲紀念。其中，二〇一六年七月二日到九月十一日在多摩美術大學美術館舉辦的《大拙與松岡文庫展》值得關注。

在開幕式上，末木文美士（東京大學名譽教授、國際日本文化研究中心名譽教授）做了題為《鈴木大拙的思想》的開場主題講演，這場講演使我們能夠歷史性地把握大拙是如何被闡釋的。末木認為，大拙總是在稍稍偏離學術權威和宗教權威的地方活動，其英文著作和日文著作之間也存在著相當的距離，很難描繪出一個完整一貫的思想家形象。末木指出，事實上對大拙的評價正好證明了這一點：聲稱大拙對禪施以現代式解釋而推崇備至之後，又經歷了以布萊恩・維多利亞（Brian D. Victoria）《禪與戰爭》（一九九七年）為代表的批判，之後對其「佛教現代主義」（David L.McMahan）的評價又再提高。而且，其「佛教現代主義」在歐美被理解為對抗性的現代新宗教，但在日本卻被認為是對傳統的重新定義，接受方式略有不同。

## 大拙形象的變遷

研究日本哲學的托馬斯・卡蘇里斯（Thomas P. Kasulis）教授的論文《在今天解讀鈴木大拙》（二〇〇七年）對於理解大拙複雜變幻的肖像富有啟示性。這篇論文的開頭講述了一段軼聞：

據一位與鈴木大拙私交甚好的人士指出，有一名西方人很崇拜鈴木，一九六〇年代的某一天，他造訪了大谷大學《東方佛教徒》雜誌的辦公室，意圖討論鈴木最近論文中所寫的一個論點。這位造訪者出示了該論文的相關部分，並且複印了幾年前的另一篇論文。事實上，幾年前那篇論文說著相反的觀點。但是，鈴木看了那篇舊論文，特意問道：「這是我‧寫的嗎？」（托馬斯‧卡蘇里斯《在今天解讀鈴木大拙》，四十一頁。）

卡蘇里斯教授從這裡引導出的結論是，大拙的文本是一種佛教的「方便」，根據讀者的不同變幻其姿態。以下我將參考安藤禮二教授的觀點，對卡蘇里斯教授的觀點加以補充，勾勒大拙形象的變遷。

大拙的修禪之師釋宗演出席一八九三年芝加哥世界宗教大會時，美國的讀者對亞洲的宗教和思想尚不熟悉，在佛教領域，他們所了解的是上座部佛教。故而大拙早期主要努力宣揚大乘佛教是「東方古老的智慧」（一九〇〇年將《大乘起信論》譯為英文，一九〇七年用英文寫成《大乘佛教概論》）。並且大拙的自我定位是釋宗演的弟子，而非學者，因此即使在大乘佛教中，他更傾向認為自己是禪的倡導者。

一九〇九年回國，到一九二一年建立東方佛教協會、創辦英文雜誌《東方佛教徒》之際，他的重心已經從大乘佛教轉到東方佛教。在此期間，對禪的態度也發生了變化。其原因是大拙終生的友人兼論敵胡適一九三〇年以敦煌文獻為基礎出版了《神會和尚遺集》，從學術角度勾稽了禪的歷史。在此之前，大拙是基於自己的經驗談禪的。從一九三〇年代起，大拙的禪學開始發生變化，一九四〇年以降，通過一系列的《禪思想史研究》，歷史性地考察白隱的公案禪和道元的默照禪、即頓悟和漸悟的譜系，並發現了盤珪的「不生禪」。

此外，他關注的重心也轉向日本文化。這一轉換的背景是，在一九二〇年代的世界地政學中，日本文化更具可視性，西方讀者希望在佛教之外，同時了解日本文化。基於對禪的新探討以及對日本文化的關心，大拙宣稱「要瞭解日本文化，就必須瞭解禪」。大拙於一九三八年出版的英文著作《禪與日本文化》就傳達出這一資訊。本書正是該書的翻譯。戰爭期間大拙主要面向日本讀者發言，其中也包括他的主要著作《日本的靈性》（一九四四年）。

戰後大拙再次被英語圈尤其是美國讀者所接受，代表了作為美國新朋友的日本之溫和美麗的精神層面。在一九六〇年代美國嬰兒潮時期的人看來，大拙是一位代表了一種替代性選擇的思想家。正是在這一時期，作為禪師的大拙的評價獲得提升。一九四九年夏威夷大學召開的第二屆東西方哲學家會議上他與胡適圍繞禪的爭論，其後長達十年在美國各大學的講演和教學，都是大拙與讀者之間幸福的會面。

但是大拙逝世後，情況發生了變化。不僅是實際上訪問日本的西方讀者因發現這裡並沒有大拙所描繪的禪和日本文化而感到沮喪，而且一九八〇年代至九〇年代的批評理論和解構理論的流行，致使大拙恰成為臨濟所謂「逢佛殺佛」的對象。上文提到的布萊恩・維多利亞的《禪與戰爭》就是一個典型例子。

然而到了二十一世紀還要解讀大拙的意義何在？如果大拙的著作堪稱古典，正如卡蘇里斯教授指出「所謂古典，就是其最後一章總是由讀者完成的作品」，讀者就必須解構這種「解構式解讀」本身。而且，既然是面對一個反問「這是我・寫的嗎」的人，其著作本就是作為一種「方便」的文本，那麼如何敲擊文本這座鐘，能聽到何種聲音，就只有交給讀者自己了。

《禪與日本文化》再解讀

重讀《禪與日本文化》，有幾點饒富興味，而這正是大拙與近代「宗教」這一概念格鬥的痕跡。

比如大拙從心理學角度把捉禪及日本文化。大拙稱「從心理學上講，悟即是意識到『無意識』」（《禪與日本文化》，《鈴木大拙全集》第十一卷，岩波書店，一九九九年，一一八頁），試圖用當時西洋心理學上隆重登場的「無意識」這一新概念把禪與日本文化聯繫起來，而且聲言這一「無意識」超越了「集體無意識」，直抵「宇宙無意識」（同上，一二五頁）。

臻達這一境界的人是芭蕉。芭蕉在與其修禪之師佛頂和尚的問答中，用「青蛙躍入水中央，撲通一聲響」來回答佛頂「青苔未生時，還有佛法也無」的提問。芭蕉的回答緣自名句「閑寂古池旁，青蛙躍入水中央，撲通一聲響」。對這一公案，大拙的理解是：

他（芭蕉）穿過意識的外殼，進入最深奧處，進入不可思議的領域，進入超越了科學家認為的所謂無意識的「無意識」之中。芭蕉的古池橫臥在有著「無時間之時間」的永恆的彼岸。那是極致的「古」，再沒有更「古」之物了。無論多麼深廣強大的意識都無法測量。那是萬物始生之處，是這一差別世界的根源，而其自身又不顯示任何差別。（同上，一三〇至一三一頁）

在此大拙也考慮到基督教。他引用了約翰福音中「亞伯拉罕出生以前，我已經存在了」，認為「對基督教徒而言，宣稱『我存在』（I am）就已經足夠了，但禪則發問就必須做答」（同上，一二八至一二九頁），因而只有禪才抵達了「宇宙無意識」。

事實上，十七世紀以後，「古」成了基督教的一個大問題。以耶穌會士為核心的傳教士們從中國、印度、埃及等地獲得的情報顯示世界上存在著比聖經更古老的歷史，所以神創世的根源性遭到質疑。大拙通過「無意識」思考的是在現代被追問的世界之起源的問題，是宗教的複數性問題。

第二點是禪與儀禮的正反感情並存（ambivalence）關係。

在現代宗教中，如何考慮信仰與儀禮的關係是一個重要問題。新教追問的是站在神面前的人，是其內在的信仰，但這也是對天主教設想的媒介者（教會和神父）及實施的儀禮之批判，宣揚信仰高於儀禮。大拙繼承了這一問題，在《禪與日本文化》的開篇寫道：

> 在印度、中亞以及中國，禪的目的在於，袪除佛教發展過程中堆積在創建者（founder）之教誨周圍的一切皮相的見解，教習佛陀自身的根本精神。可以說這些「皮相的見解」是儀禮性、教典性的，而且是基於民族心理之特殊性的。禪則要直接見到佛陀之精神。（同上，第十頁）

禪不是「儀禮性、教典性的」，而是「要直接見到佛陀之精神」，這恰與新教式信仰相重疊。而且大拙甚至認為：「否定形式主義、慣例主義、儀禮主義的結果，精神完全裸露出來，回歸其孤絕性、孤獨性」（同上，第十五頁）

但是，《禪與日本文化》討論的是禪如何在日本文化（美術、劍道、茶道、俳句、能等等）這一特殊的形式中被表現，因而才能在論及茶道的部分時說：

「即使是現在，禪僧也經受了充分實踐各種儀禮的鍛煉，無論是個人的還是集團的」，並且舉《百丈清規》為例。《百丈清規》是唐代百丈懷海制定的儀禮集，影響巨大，甚至廣泛影響大拙鮮有提及的道元的清規。這樣說來，禪決不曾放棄儀禮。

那麼，大拙如何理解禪與儀禮的關係呢？

禪的教義是超越形態把握精神，但是決不能忘記，它使我們想起如下的事實：我們自己居住的世界是具體形式的世界，精神只有以形為媒介才能表現出來。因此，禪既是反律法主義者（antinomian）又是嚴守戒律者（disciplinarian）（同上，九十九至一〇〇頁）

大拙想從日本文化中尋找到的是不受儀禮束縛，同時又徹底實踐儀禮的禪之形象。因而日本文化是體現「超越的孤絕性」和「貧困」的「閑寂」（同上，十八至十九頁），也是「粗陋的無虛飾和古拙的不完全」的「古樸」（同上，第二十頁），可以說日本文化必須被無儀禮的儀禮所代表。

這種日本文化的形象通過大拙為外國人寫的這本書向世界各地擴散，並成為使日後造訪日本的外國人感到沮喪的原因，然而這也是從更為現代的宗教問題譜系出發去解釋禪所付出的代價。

如何閱讀大拙，讓我們再次重複卡蘇里斯教授的話：「所謂古典，就是其最後一章總是由讀者完成的作品」，大拙的解讀，會根據我們追問何種問題而呈現出不同形態。

# 推薦序

香港中文大學日本研究學系講師 張政遠

在北鎌倉東慶寺的一角，可以找到鈴木大拙（Suzuki Daisetsu, 一八七〇至一九六六）和西田幾多郎（Nishida Kitaro, 一八七〇至一九四五）之墓。二人為同鄉，生於石川縣。西田的處女作《善的研究》（一九一一年）便是在金澤定稿，而他在《禪與日本文化》的代序中亦表明鈴木是自中學以來的摯友。[1]

鈴木亦曾經為西田的《善的研究》英文版寫了一篇題為〈如何解讀西田〉（How to Read Nishida）的文章。鈴木的主張如下：「西田的絕對無哲學或絕對矛盾自己同一的邏輯並不容易為人所理解……除非對禪經驗有一定的悟識。」[2]在英語學界，西田往往被視為一位「禪學家」（Zen Buddhist）或「禪哲學家」（philosopher of Zen），但筆者認為禪只是西田哲學的其中一個側面。當然，西田之所以與禪扯上關係，並非空穴來風。其中一個可能原因，是《善的研究》（Zen no Kenkyū）之「善（Zen）」被誤以為是「禪（Zen）」[3]。另一方面，西田曾參禪並曾破解「無字公案」，可見他對禪有一定的領悟。

然而，把「禪」之標籤貼在西田幾多郎之上會引發一些誤解。西田在一封給西谷啟治的信中指出：「我不是從一開始便知道禪是什麼，但是人們本來就完全誤解了禪……因為是你所以我才不怕直說，我是極力反對一些無識之徒把我與禪扯上關係的。他們不知道什麼是禪，也不清楚我的哲學，他們只不過是把 X 等同於 Y。」[4]

西田雖然是現代日本哲學的代表人物，但他從未出國。相反，鈴木活躍於歐美的學術界，《禪與日本文化》本來就是以英文成稿。《Zen and Japanese Culture》的初版於一九三八年面世，是鈴木大拙的成名作，該書的目的就是要

---

1．參閱本書西田幾多郎序。

2．Suzuki, "How to read Nishida," in Nishida, *A Study of Good*, Trans. Valdo H. Viglielmo (Tokyo: Printing Bureau, Japanese Government, 1960), pp. iii-vi.

3．「善」與「禪」在日文同音。

4．西田幾多郎：《西田幾多郎全集》（東京：岩波書店），第十九卷，二二四頁。

讓西方人以禪來把握日本文化。即使今天，很多人談及日本文化便會聯想到禪，而禪亦會用日式讀音（zen）來表現，這明顯是受到鈴木的影響。

除了鈴木之外，也有不少學者向西方介紹禪與日本文化。例如，德國人講師黑利格（**Eugen Herrigel**，一八八四至一九五五）曾在一九二四至二九年於日本的東北帝國大學任教，並且跟隨弓道大師阿波研造（**Awa Kenzō**，一八八〇至一九三九）研習弓道。黑氏指出：「所有的日本技藝在內在形式上必然可追溯至佛教這個單一源頭，這對於一個歐洲人來說，已不再是任何秘密。這不單只適用於弓道，而且也可適用於其他的技藝，如書道、茶道、歌舞伎、花道、劍道等……當然，我們提及那種特殊的佛教，不是無條件地指任何一種佛教。這裡所指的佛教並非那種歐洲人知道，或由於文獻似乎較易入手所以他們自以為知道的**思辯性**佛教（*speculative* **Buddhism**），而是那種在日本稱之為「禪」的非思辯性佛教。」[5]

鈴木在本書中論及禪與劍道，並指出禪修行可以達到無心的境界。[6]但日本文化有各種不同的面向，亦有不同的源頭。加藤周一甚至使用「雜種」一詞，來形容日本文化的多樣性。即使日本文化的某些面向與禪關係密切，禪亦不應隨便與日本文化劃上等號。再者，禪原本並不是日本的本土思想，而是來自中國；而中國的禪（Chan），亦是來自印度佛教中所謂「禪那」（dhyāna）的修行方法。要了解日本禪，便有必要回到原始佛教與中國佛教。

眾所周知，釋迦牟尼（Sākyamuni）還未成佛之前，是一位文武雙全的王子。但有一天他離開宮廷外遊，在東門遇上老人、南門遇上病人、西門遇上死人、北門遇上修道者，這展開了他尋求解脫生老病死之旅。他深夜告別妻兒出家，並嘗試傳統的苦行法，但並沒有成功。後來，他放棄了傳統的修行方法，改在菩提樹下沉思打坐，結果悟出解脫之道。

從上可見，「禪那」是原始佛教的關鍵。這方法有別於古代的苦行修煉，而是強調靜心冥想。原始佛教後來北傳至中國、朝鮮、日本，南傳至南印度、斯里蘭卡、緬甸、泰國、柬埔寨等地，藏傳佛教亦於西藏、蒙古、滿州、尼泊爾等地發展。在中國，佛教傳入東漢，並發展大乘八宗（三論、法相、天台、華嚴、律、禪、淨、密）。當中，禪可以說是佛教在中國本土化最成功的宗派。

---

5．Herrigel, *Zen in the Art of Archery* (London: Routledge & K. Paul Press, 1953), p. 27.

6．參閱本書第四章。

筆者最近有機會參觀位於湖北省黃梅縣的五祖寺，據說那就是當年神秀與惠能分別提出「身是菩提樹，心如明鏡台，時時勤拭拂，莫使惹塵埃」和「菩薩本無樹，明鏡亦非台，本來無一物，何處惹塵埃」的舞台。後來惠能成為了六祖，但鈴木大拙的解釋頗有見地——五祖的看法可以用兩種方式表達，既可以用神秀的方式，也可以用惠能的方式。我們可以通過不同的方法從「未悟」達到「悟」，但執著於某種方法只會令人迷失，出現「越問越錯」甚至「一問就錯」的情況。

這就是禪的奧妙之處。所謂「不立文字、教外別傳」，這些說法的確容易讓人們對禪產生一種神秘的感覺。但我們可以發現，禪並沒有完全否定文字。具體地說，人們仍然要使用文字來記錄禪公案。《臨濟錄》、《碧巖錄》、《大慧書》、《虛堂錄》、《五家正宗讚》、《江湖風月集》、《禪儀外文》等公案集提供了重要的修行本文。上文提及西田參透「無字公案」，這公案即《無門關》（一二二八年成書）的第一則：「趙州和尚，因僧問。狗子還有佛性也無。州云，無。」狗有佛性抑或沒有佛無，經典自有定論。但「無」並不是有的否定，而是超越有與沒有、是與非、一與多的「絕對無」。

《無門關》在十三世紀面世，但佛教早在三世紀末至七世紀已傳入日本。依《日本書紀》（七二〇年）記載，欽明天皇十三年（五五二年）天皇獲百濟聖明王獻釋迦佛金銅像一軀，附幡蓋及經論。他不如何處理，於是向群臣提出以下疑問：「西蕃獻佛、相貌端嚴。全未曾有、可禮以不。」贊成派認為：「西蕃諸國一皆禮之、豐秋日本豈獨背也。」反對派指出：「我國家之王天下者、恆以天地社稷百八十神、春夏秋冬祭拜為事。方今改拜蕃神、恐致國神之怒。」當時日本出現災害瘟疫，時局不安。結果，天皇不理會反對派的聲音，下令在日本各地建設佛教寺院，祈求五穀豐穰、鎮護國家。奈良佛教有六宗，即華嚴宗、律宗、三論宗、法相宗、成實宗與俱舍宗，但不包括禪宗。

禪後來傳到日本，其中最重要的人物是道元（一二〇〇至一二五三）。道元於一二二三年入宋求法，一二二七年回國後創立了日本曹洞宗。禪可以分為「看話禪」（參透公案）和「默照禪」（坐禪修行）。臨濟宗重視前者，曹洞宗則重視後者。道元主張參禪者，坐禪也。坐禪不是手段，而是目的。[7]另一方面，

7．參考道元著，何燕生譯：《正法眼藏》（北京：宗教文化出版社，二〇〇三）。

禪也有不少與其他傳統相通的地方。鈴木在本書中提及，有人問道元在中國學到了些什麼，道元的回答頗有意思：「無他，唯柔軟心爾」。[8]這裡所指的「柔軟心」，本來與道家思想關係密切。鈴木承認，儒家與道家是中國思想的兩道源流。[9]那麼我們可以指出，日本文化也有各種文化來源，不應只重視某單一源流（佛家）而埋沒其他源流（儒家、道家等）。

禪並非只有一種版本，而是有不同的方法與派別；日本文化也是非常多元和混雜的，我們不難發現一些禪以外的日本文化。事實上，在日本佛教之中，淨土宗與淨土真宗的信仰人口比禪宗為多。以淨土的他力信仰來解釋某些日本文化，比起禪宗的自力信仰更有說服力。例如，在三一一地震之後，災區有很多死者失蹤，如何讓他們成佛？這時親屬合掌稱念「南無阿彌陀佛」即可送死者往極樂淨土，這可以讓家屬釋懷。另外，日本四國的「遍路巡禮」及東北地區的「即身佛」信仰，要以空海（七七四至八七五）開創的真言宗才可以說明。

一般人會把禪與日本文化扯上關係，但他們既不知道什麼是禪，也不清楚日本文化，這只不過是把X等同於Y。但鈴木對禪與日本文化有相當的體會，並且已指出本書的論述未涵蓋禪與日本文化的全體面向。X是否等同於Y？

我們應花一點時間去認識X和Y，才下結論。

8．參閱本書第六章。

9．參閱本書第五章。

# 推薦序

廣州中山大學副教授 廖欽彬

筆者和鈴木大拙（一八七〇至一九六六）《禪與日本文化》（台北：遠足文化，二〇一八年）的譯者林暉鈞先生認識，是在日本當代左翼思想家柄谷行人《世界史的結構》（台北：心靈工坊，二〇一三年）中文譯本的新書發表會。自此便在各種學術活動中與林暉鈞先生有所接觸，其間曾拜讀過他的幾本譯作。今日能讀到林暉鈞先生翻譯的《禪與日本文化》，並為此書寫推薦序，感到非常榮幸。此書在中國大陸有陶剛翻譯、三聯書店出版的譯本（一九八九年）、錢愛琴與張志芳翻譯、譯林出版社出版的譯本（二〇一四年）、張石譯、浙江大學出版社出版的譯本（二〇一四年，收於《鈴木大拙說禪》）。這三本譯書的問世，除了讓漢語圈的人能一窺禪與日本文化的關聯外，還掀起了一般人及學者對日本禪及其與中國禪之異同的討論熱潮。今日在台灣能閱讀到台灣譯本，可見日本文化對台灣的影響，至今仍然非常深遠。

鈴木大拙（本名貞太郎），一八七〇年出生於現在的石川縣金澤市。父親是加賀藩的醫生。六歲父親過逝後，兄長各自獨立，只有他和母親一起生活，非常困苦。在第四高等中學（位金澤市）結識一生最好的朋友——西田幾多郎（一八七〇至一九四五，京都學派創始人），但中途因付不起學費而輟學。曾當過小學英語教師，二十一歲到東京，先於早稻田大學學英文，後到東京帝國大學學哲學。其間主要在鎌倉的圓覺寺參禪，專研佛經、禪書，並從其師釋宗演（一八五九至一九一九）得到「大拙」的居士名。一八九三年跟隨釋宗演參加芝加哥的萬國宗教大會，當隨行翻譯者，得釋宗演介紹，有幸擔任保羅．卡洛斯博士的助理。一八九七年起的十一年間，鈴木在位於芝加哥郊外的一家出版社工作。在美期間與保羅．卡洛斯博士合譯《老子道德經》，另譯有《大乘起信論》，並以英文撰寫《大乘佛教綱要》。旅美歸國後，在學習院高中和中學部任教，與小他八歲的美國女子貝特蕾絲．雷恩結婚。五十一歲任教於大谷大學（屬淨土真宗大谷派），創辦英文佛教雜誌《東方佛教》（*Eastern*

*Buddhist*）。鈴木的研究與海外交流活動，直到過世為止，不曾間斷。[1]

《禪與日本文化》的雛型，便是鈴木一九三六年參加倫敦的世界信仰大會後，在英國各大學演講時的英文講稿內容。此書先以 ***Zen Buddhism and Its Influence on Japanese Culture***（一九三八）之名被出版，爾後由北川桃雄翻譯成日文，共有兩冊。一是《禪與日本文化》（一九四〇年九月），一是《續 禪與日本文化》（一九四二年十月）。英文版經鈴木的修改後，於一九五九年以 *Zen and Japanese Culture* 重新問世。此台灣譯本的《禪與日本文化》便是前一本。[2]

## 近代日本文化的問題

本推薦序不採日本文化史的談論方式，亦不從日本禪宗史或中日禪宗比較的觀點來進行，而是從近代與日本文化、東西文化碰撞這個角度，來探討鈴木大拙與西田幾多郎的文化論，借以讓讀者瞭解《禪與日本文化》在當時日本與歐美的衝突世界觀中的特殊地位。[3]

明治日本正式在制度上全面吸收西歐近代的文明，融合了東西方的文化，創造出自身獨特的近代文化。然而，伴隨其文化形成所產生的精神狀況卻不是很穩定。日本人處在東方與西方、保守與進步、傳統與現代、新與舊、自我與他者等矛盾對立情況的同時，面臨著該如何統合這些矛盾對立的問題。因此，何謂日本？何謂日本自身的獨特文化？這種自我認同或主體性的問題，成為當時日本人首先必須要面對的問題。

當日本人意識到「自身的獨特文化為何」的問題時，正表示出以下幾種自我文化認同的觀點或立場。一、與異文化交涉融合底下的自我覺醒。二、與異文化矛盾對立底下的自我形塑。三、在揚棄自我與他者文化交融的情況下所產生的超越性、現實性自我。這三個立場，對處在全球化與資本主義浪潮下的我們而言，仍具有當代性意義。因為我們無法在脫離他者及其文化的情況下生存。

1．參見井上順孝編《近代日本的宗教家101》，東京：新書館，二〇〇七年，頁九八至九九。

2．參見《鈴木大拙全集》，第十一卷，東京：岩波書店，一九七〇年，頁四八一。「後記」有一些修訂的說明，在此不再贅言。以下引用以（S卷數．頁數）標示。

3．筆者會進行這樣的對比，一方面是基於筆者的研究專業為京都學派哲學，另一方面是認為今日台灣人在談論自我認同及文化認同的問題時，仍可借鑒鄰國近代化進程的軌跡。

因此自我與他者為何，該如何自處，在自他之中所產生的文化又該如何存續或發展下去，亦是當代人必須面對的課題。若是如此，探討近代日本人所面對的文化問題及其對文化創造或定義所做的努力，不僅沒有失去當代性意義，亦能為我們帶來一些在日常生活、實際行動或學術研究上的啟發。《禪與日本文化》可說是日本三〇年代的自我認同與表現的產物之一。

事實上，先於《禪與日本文化》，以英文著作宣傳日本文化的有：新渡戶稻造（一八六二至一九三三）的《武士道》[4]（*Bushido, the Soul of Japan*, 一八九九）與倉岡天心（一八六三至一九一三）的《茶之書》[5]（*The Book of Tea*, 一九〇六）。此二書可說不出上述日本人的幾種自我文化認同觀點或立場。當然我們對《禪與日本文化》的理解，亦可順著這個方向來進行。

如上所述，鈴木大拙與西田幾多郎的交情甚篤，這從兩人一同長眠於鎌倉東慶寺的墓地裡可窺見。鈴木與西田具體的思想交流，亦可在兩者的往來書信及著作中得到證實。如《禪與日本文化》的西田幾多郎序，亦是其中一例。相對於鈴木以東方佛教，特別是禪思想的底蘊來直面西方，西田則顯得隱諱了許多。西田暗裡以禪體驗的世界觀解構西方哲學，進而建立一套自己的哲學體系，可說和鈴木的禪思想形成呼應。簡言之，鈴木與西田對世界的看法來自兩者共有的禪體驗，只不過前者展示在佛教義理的解釋，後者展現在哲學理論的解構與建構。我們可以在兩者身上看到「生命即思想」或「生命即哲學」這種典型的東方範式。

關於上述日本人的自我認同與文化論問題，鈴木與西田則分別從各自的思想語境來進行回應。前者以靈性的立場提倡宗教主體性的文化形態，後者則以自身獨特的形上學與藝術眼光闡述文化的發展形態。以下嘗試透過對兩者之文化論的探討，來思考近代日本人在東西洋文化的碰撞下，如何建構自身的文化主體性與追尋文化的意義以及《禪與日本文化》在其中的位置。

4．日文版於一九〇八年出版。

5．日文版於一九二九年出版。

## 宗教主體性的文化形態

鈴木大拙旅美經驗長達十二年，在大學執教鞭的同時專研佛學，並往來在日本、歐美之間傳播佛教思想。其文化論可說是建立在東西文化比較的成果。他認為日本文化直觀永恆，亦即是對永恆的不斷追求。西歐文化則屬於分析、理論、二元對立的世界（參見 S19 · 33）。這顯示出日本文化具有神秘性色彩，西歐文化則具有理性或知性色彩。直觀概念在鈴木的禪思想佔主要的地位，讀者可在閱讀《禪與日本文化》時細細品味。

至於日本與西歐文化的不同，譬如鈴木提出餐具的不均勻美，藉以表示日本文化將來的發展。他認為日本的餐具充滿變化，在形狀上大多採取不均衡或故意破壞均整的樣式。相對於此，西歐的餐具只有兩、三種形式，其追求的是均整、規則等（參見 S19 · 51）。

鈴木藉由比較日本與西歐文化的不同，指出各種概念上的對立，譬如不均整與均整、不完全與完全、多變化與少變化、不安與安心、破壞與安全、簡單與複雜、柔和與堅固、無分別與分別、非理論與理論、順從自然與支配自然、無常與常等。這些差異顯示出的是，包含在日本文化當中的禪精神（空無）與潛藏在西歐文化的實體或本體精神（實有、永恆者）。顯然鈴木的文化論包藏著處理存在論的形上學。禪佛教的空與希臘哲學以來的實體，在那裡被突顯出來。

另一方面，我們可以發現鈴木的日本文化論是奠基在東方的認識論，即「直觀的認識論」上。西歐的知識通常以經驗為開端，透過哲學家或思想家的思辨活動，終止於經驗、選擇、判斷、或實踐，然而無論是哪一種，都無法脫離對經驗的反省或思維活動。總的來說，西歐的認識論必須倚靠理性或知性才能得以成立。相對於此，禪以「不立文字、教外別傳、直指人心、見性成佛」為其宗義的基本立場，因此無法像西歐那樣建立理論式的認識論。也就是說，為達悟道的境地，探究事物的究極真理、並不須要倚靠任何概念式的知識與體系。

鈴木在《禪與日本文化》的第一章「禪的預備知識」中主張禪的方法與禪的精神，與基於智性、邏輯、文字語言的教導相反（參見S11・11），禪的鍛鍊法非比尋常，那就是親身體驗真理，而不是訴諸智性的作用或系統化的理論（參見S11・13）。此外，鈴木在《禪與日本文化》第七章「禪與俳句」中使用禪的直覺這種表現，認為這種直覺是一種東方的認識論，並如此主張：「生命以及事物的究極真理一般認為無法用概念必須用直覺來掌握，此直覺的知識不僅是哲學還是其他一切文化活動的基礎，這些觀念正是，禪宗貢獻在日本人藝術鑑賞涵養上的東西」（S11．117-118）。

我們可以說，鈴木的文化論孕含著東方式的、日本式的（或禪式的）形上學與認識論。這也是鈴木在談論作為日本文化形態的美術、武士、劍道、儒教、茶道、俳句、能、茶人等時，不得不探討這些文化與禪佛教精神之間關聯的理由（參見《禪與日本文化》、《續禪與日本文化》）。在此必須再深入追究的是，針對支撐西歐文化的西洋主體性（西歐的知性），鈴木所提出的日本主體性（日本的靈性）的問題。

鈴木在《日本的靈性》（一九四四）為顯示出日本主體性，採取的既不是精神也不是靈魂，而是靈性這一宗教用語。所謂靈性指的是，超越的宗教意識（參見S8．17-22）。由此看來，鈴木的日本文化論，不外乎是帶有超越的宗教意識的日本人對海內外所宣稱的自我生活形態或歷史性特徵的言論。然而所謂宗教主體性，也就是靈性，並非奈良時代或平安時代的產物。它既沒有在貴族階層中生根，也沒有普及在一般庶民身上。它真正在下層庶民中生根是在鎌倉時代。此種宗教主體性透過日本人的實際生活，從室町時代、江戶時代流傳到近代來。而在日本下層階級或一般民眾普及的宗教則是，適合武士生活的禪宗以及受農民或無學民眾歡迎的淨土宗（參見S8・26-31）。關於武士與禪宗的關聯，亦可在《禪與日本文化》的第三章「禪與武士」中看到。

禪宗和淨土宗雖然都是外來的宗教，卻深深地扎根在日本風土，也就是武士和農民所居住的土地上。禪宗的無執着與無分別所帶來的解脫與悟道的世界觀，對定居在地方的武士有很大的影響，而淨土宗的他力念佛所呈顯的救贖與利益的世界觀，則影響了大多數的農民及無學民眾。因此「宗教、大地、人」三者形成了密不可分的關係。這種密接關係的形成，完全是拜禪宗與淨土宗在日本的發展所賜。這兩種溶入在日本人的土地與生活的宗教，對鈴木而言，並非外來的東西，而是從日本人自身的深層心理所產生的東西（參見S8・61-79）。就鈴木來看，日本文化是從帶有在地宗教意識的日本人的生活形態所產生的東西。當然在《禪與日本文化》中，上述的日本主體性（靈性），特別是淨土宗的部分尚未被放進來討論。

這裡只是筆者的推測。讀者若閱讀到禪與武士或劍道的部分，或許會注意到，鈴木意識著日本軍國主義暴行的同時，一再強調在禪思想底蘊下的武士或劍道，崇尚的是和平、愛或慈悲。我們必須承認那是人在悟道後所體現出來的終極價值觀和行動觀。比如，鈴木筆下的劍士塚原卜傳（一四八九至一五七一），便是如此。但即使是如此，要顯露和平、愛或慈悲，禪宗和淨土宗相較之下，顯然後者容易許多。[6]若是如此，便會產生「淨土宗與日本文化」究竟又是什麼型態的問題。而嘗試突顯出這點的是，鈴木在學習院時期的學生，即民藝運動旗手的柳宗悅（一八八九至一九六一）。

## 「絕對矛盾的自我同一」之文化形態

相對於鈴木大拙提出的宗教主體性文化（禪文化），西田幾多郎則以不同的路徑來看待日本文化的發展方向。日本文化發展到一九三〇年代以後，隨世界局勢的變化，從全面西化轉向部分西化，甚至是脫離或抵抗西化。一九三〇年代，日本教育界與學術界掀起了一股「日本精神」、「回歸日本」的熱潮。此可說是「日本主義」抬頭的年代。然而，西田哲學與此股熱潮保持了一定的距離，當西田談論日本文化的問題時，自然也和鈴木一樣顯示出超然的態度。

西田在《日本文化的問題》（一九四〇）中彷彿呼應《禪與日本文化》，提出自身獨特的文化論。他不斷強調自己的文化論並非採取此優彼劣或自我中心主義的立場，而是在一個歷史現實的情況下，談論現今日本文化應該帶有西方特色（科學精神），以一種開放的方式發展。也就是說，日本文化必須是一種作為世界文化的動態文化。此種文化論述的基礎，則是來自西田自身獨特的東方形上學，也就是「絕對矛盾的自我同一」這一概念所建構而成的東方存在論。

何謂「絕對矛盾的自我同一」？西田在《日本文化的問題》第二章冒頭處，便如此開宗明義。「所謂世界是無數東西的集合，也就是無數東西的合成所決定的一個形態。然而所謂現實世界，始終是物與物相互活動、交涉的世界。唯

6．關於鈴木的禪思想與戰爭的關聯，可參見布萊恩．維多利亞（Brian Victoria）《戰爭中的禪》（*Zen at War*，一九九七）的批判。筆者不進入這塊討論。

一能決定此現實世界形態的即是，無數物與物從無限過去以來的相互限定，也就是相互作用。」[7]西田認為，世界的成立來自其構成物，但其構成物卻又是彼此處於對立、相互否定與相互活動的存在。一個世界的形成，必須奠基在無數東西相互否定與交涉的關係上。關於此，西田說道：「一到哪都是多的一，多到哪都是一的多。多和一的矛盾且自我同一，則是所謂的現實世界」（N12・292）。此即為「一即多、多即一」的存在論之循環。「絕對矛盾的自我同一」可說是世界與萬物不斷形成「生成關係」（西田稱之為「表現關係」，藉以區分藝術創作或歷史性活動與萬物生滅的立場）的原理。

此「絕對矛盾的自我同一」的概念，正是西田於《日本文化的問題》第一章批判當時歐洲中心主義思維的理論根據。他認為在現今的世界，歐洲人不應再有他者的文化是劣等文化或不是文化，其文化最終應該走向歐洲模式這種思維，因為歐洲模式並不是唯一的文化原型（參見N12・284）。對西田而言，文化只能是無數的文化彼此在相互對立與交涉（矛盾與統合）的情況下，所形成的一時性文化。也就是說，文化並無法屬於任何一種固定的形態。

至於表示存在論的「絕對矛盾的自我同一」和文化之間又有何種連接點呢？

西田強調，只要是人類居住的世界、必是一種帶有歷史、文化的現實世界。此種現實世界的形成，並非來自西方所說的機械因果論或合目的論（參見N12・296-297），而是來自「絕對矛盾的自我同一」的創造論（參見N12・377）。因此世界與人之間的自我「表現關係」，也就是「絕對矛盾的自我同一」之關係，必定包含歷史與文化的創造。關於「世界、人、製作（創造）」三者關係，西田如此說道：「此歷史的現實世界，不僅是我們生自那裡死往那裡的世界，還是我們於此處製作東西，並透過製作而被製作的世界。」（N12・296）。從此處可知世界與人的「絕對矛盾的自我同一」之關係，必須有藝術或文化創造以及歷史性活動做為媒介。

如此一來，我們看到的是，相對於鈴木主張日本靈性的文化形態，西田則主張哲學式的形上學概念，也就是「絕對矛盾的自我同一」的文化形態。西田的文化形態，可從以下引文窺見。「主體限定環境，環境限定主體，作為個物的多與全體的一的矛盾且自我同一，世界從被創造的東西變成創造的東西，並

7.《西田幾多郎全集》（東京：岩波書店，第三刷，頁二九〇至二九一）。以下引用，以（N卷數・頁數）標示。

理念式地形成自我……文化就在兩者[8]的矛盾且自我同一當中」（N12・345）。西田的文化論雖以自身的哲學理論為基礎，但其核心畢竟還是在於「絕對無的自我限定」上。西田認為無數的文化始終得是一個歷史現實世界所形成的無數文化，相反的，一個歷史現實世界也必須是無數文化所構成的世界。因此世界與文化（一與多）之間的關係是一種無限交涉的關係。就此看來，無論是前後者都只能以一時性的存在形態出現，並無固相。西田又稱此現象為「無限定者的限定」、「絕對無的自我限定」（參見N12・295）。

## 主體性的無及其文化

綜上鈴木與西田的文化論，我們可以發現兩者之間的異同處。鈴木一方面以日本的靈性來確認日本人的宗教主體性，另一方面以具有禪體驗的日本人所創造出來的諸文化形態，來表示何謂日本文化。相對於此，西田則始終以哲學的立場來看待文化的發展方向，他強調的是「世界、人、創造」三者所構築的存在、活動、文化等諸形態。如前述，兩者論述文化的進路雖然不同，但潛藏在兩者背後的日本精神，也就是禪精神卻使兩者的文化論有了交集點。

鈴木在《禪與日本文化》中，針對禪的教義，如此說道。「禪的教義雖然在於超越形態把握精神，但絕不能忘了，它亦是讓我們想起自己住的世界是特殊諸形態的世界，精神唯有以形態為媒介才能被表現出來這些事實。因此，禪既是律法背反主義者，同時又是鍛鍊主義者」（S11・99-100）。禪原本要傳達的是無執著、無分別所帶來的解脫和悟道，但如上面引用所示，它不是只主張拋棄現實世界或世間的一切。相反的，禪要說的是，藉由某種形態（比如各種藝道或技藝行動）來表現無執著的精神。或者應該說是無與行動、生命的同時顯露。若是如此，禪的要義可說是在主張「無形態即形態」、「空即有」、「無分別即分別」這些矛盾事態。而這些矛盾的形態正代表著禪的精神。鈴木認為在日本文化的諸形態當中能找到這種精神。換言之，日本文化之所以是日本文化，就在於其能顯示出禪的精神。

8・筆者註：主體與環境。

反觀西田的文化論，與其說是在彰顯哲學，倒不如說是藉由哲學論述，來顯現絕對無的精神。關於東西文化形態的比較，西田說道：「我曾經從形上學的立場來看東西古代的文化形態，並區分把有視為實在的根底與把無視為實在的根底，也就是把有形視為實在與把無形視為實在。而限定自身的現實世界、行為直觀的世界，是矛盾且自我同一的，是時．空間的存在。在空間的限定中思考世界根底是有的思想。在時間的限定中思考世界根底是無的思想。」（N12．351-352）。

西田認為，日本文化奠基在以無為實在之根底的立場，也就是把無形視為實在的立場，並會隨著「世界、人、創造」三者的「絕對矛盾的自我同一」之關係，呈現出時間式的、動態式的形態。當西田面對處於歷史現實世界的日本皇室問題時，並不是以排他性的皇室中心主義來看待它，而是認為代表日本精神象徵的「皇室始終是無的有、矛盾的自我同一」（N12．336）。此處的皇室，只不過是無的自我限定，也就是一時性的流動存在，因此被西田視為「絕對矛盾的自我同一」之存在。

如此看來，鈴木與西田的文化論可說是殊途同歸。鈴木在《禪與日本文化》

中談論諸多具體的文化形態時，所欲呈顯的不外乎是，無分別的分別，也就是象徵無的有或空有的禪精神。相對於此，西田在談論日本文化或世界文化的未來發展方向時，不僅試圖統合對立的東西方文化或所有處於對立的各個文化，還企圖將這些文化的發展形態揉合在「絕對矛盾的自我同一」的創造論之中。而潛藏在這套創造論背後的正是，象徵無的有或空有的禪精神。因為「世界、人、創造」三者所帶出的存在、活動、文化等諸形態都只不過是「絕對無的自我限定」而已。

若是如此，我們如何看待上述兩者主張的主體性的無及其所呈現的文化形態呢？鈴木與西田所欲追求的，並不是一個永恆或絕對價值的文化。對兩者而言，一切文化形態只不過是一時性的文化形態。從空或無的立場來看，任何文化形態都只是自身的自我限定態，也就是自我否定態。就文化創造者的立場來看，任何文化形態都只是「絕對矛盾的自我同一」之形態。因此無論任何文化，都不會有一個能稱為永恆不變的主體性。此即為文化主體性的無。至於文化創造者與世界之間的關係，亦是如此。也就是說，不會有一個永恆不變的人與世界存在。在此可以思考的是，「世界、人、創造」三者所帶出的作為空有的文化形態，究竟對於我們有何種當代性意義？

當日本主義於日本國內外高漲時，鈴木與西田在文化論述上，並沒有趨炎附勢。兩者站在一個比較超然的立場，嚴肅看待文化及其未來發展形態。鈴木認為日本文化及其創造者，都必須藉由某種現實存在的形態，來表現無執著、無分別的精神。這正表示著兩者的「無的超越性」和「有的現實性」。西田則認為唯有在揚棄自我與他者文化交融的情況下所產生的超越性、現實性自我，才能足以擔任創造世界文化的角色。這也說明了自我主體性與文化主體性的空有。兩者主張的文化形態，無疑是一種既有傳統又有創新的開放式文化形態。在兩者的文化想像裡，並沒有一個終點或固定形式。文化對兩者而言只不過是無分別的分別，也就是空有而已。空有的文化看似弔詭，然而兩者卻認為文化唯有如此才有最大的發揮空間，因為那裡不僅沒有自我的執著，還充滿了包容性和開放性。

若是如此，那麼空有的文化對現代人來說，有何種意義呢？今日雖被標榜為資本無國界的全球化時代，但也絕不會有比今日更強調自我意識或認同的時代。自我文化的認同亦是如此，在越無國界阻礙的今日，其所佔的地位越發重要。也就是說，今日的文化非得是既全球化（普遍化）又在地化（特殊化）不可。那麼什麼才是既全球化（普遍化）又在地化（特殊化）的文化呢？若借用西田哲學的語言來說的話，該文化正是「一即多、多即一」的文化，因為全球無數的文化（多）唯有在相互對立與交涉的情況下，才能形成一個在歷史現實下的世界文化（一）。此亦是西田所謂的「絕對矛盾的自我同一」之文化形態，也就是一種文化主體性的無所形成的一時性文化形態。借鈴木宗教體驗的話語來說，便是「無分別即分別」的瞬間文化形態。

以上是比較鈴木與西田的文化論之內容。作為推薦序來閱讀，雖有偏離與抽象之嫌，但作為讀者思考《禪與日本文化》在近代東西文化碰撞下的位置與意義之參照軸，筆者認為還是具有一個引導的作用。最後，筆者想將論述拉回《禪與日本文化》這本書上。近代日本人在東西洋文化的碰撞下，如何建構自身的文化主體性與追尋文化的意義，我們可從《禪與日本文化》的具體內容中窺見。以下將引述鈴木關於禪與茶道的一段話，來替代筆者想對讀者推薦本書的內容。

或許有人會問：「現在這個時代，幾個人能擁有這茶人的境遇？說什麼悠閒從容的款待，真是愚蠢無聊。先給我們麵包，並且縮短我們的勞動時間再說。」──但說實在話，我們這些所謂的現代人，失去的其實是悠閒的心。我們日夜憂煩的心，沒有足以真正享受生命的空間。我們為刺激而追求刺激，只為了讓擔憂暫時閉嘴。主要的問題在於，生命應該拿來享受閑靜與文化教養的喜悅，還是追求感官的刺激與快樂？當我們想清楚這個問題，必要的時候，大可以全盤否定現代生活的機制，重新啟動生命。我希望我們的命運，不是永遠淪為物質慾望與舒適的奴隸。

這段話雖然看不出禪精神如何與西方哲學搏鬥的軌跡，但我們彷彿還可以見到鈴木大拙的《禪與日本文化》在今日追求感官刺激與快樂或資本量化的世界裡披荊斬棘，並在未來的人類道路上勇往直前。一切文化或任何的人類行為始於大自在的生命躍動。

# 推薦序

交通大學社會與文化研究所副教授　藍弘岳

禪宗起源於印度，但發展於中國，有曹洞宗和臨濟宗等宗派，最後在日本發揚光大，影響日本文化至深。而且，也是由日本人傳至歐美國家，深深影響二戰後的西方世界。美國蘋果公司創始人史蒂夫．賈伯斯（Steve Jobs）就是其中一人。那麼，清楚闡述禪與日本文化的關係，並將禪的體驗與思想傳到歐美的主要人物是誰呢？其中一人就是本書的作者鈴木大拙（一八七〇至一九六六）。

是的，鈴木大拙是享譽世界的日本佛教思想家、把東洋思想介紹到西方世界的偉大中介者（傳道者、開拓者）。鈴木的學問根底是大乘佛教，但他將之對應於西方思惟，明白闡述並清楚地傳達給西方世界。據阿部正雄所言，鈴木認為佛教不若基督教，雖有人為求法賭上性命而去中國、印度，但只有極少人為傳法而賭上生命。他認為這是不行的。從這段傳言也可知，鈴木是立志成為佛教（特別是禪）的傳道者。他的一生筆耕不倦，著作多達一〇三本，其中有三十一本是他自己以英文寫成的。這真是一個驚人的成就。其實，筆者一直覺得明治時代是個奇特且有趣的年代，許多明治書生都如鈴木大拙，不僅熟知日本傳統的學問，且能以英文等歐州語言來翻譯、閱讀乃至著書，寫出影響歐美國家對日本文化理解至深的書籍。如早鈴木大拙幾年出生的新渡戶稻造（一八六二至一九三三）的《武士道》（*Bushido: The Soul of Japan*）和岡倉天心（一八六三至一九一三）的《茶之書》（*The Book of Tea*）等等皆是。當然，《禪與日本文化》也是這樣的一本書。不過，在討論本書之前，先簡單介紹一下鈴木大拙的生平。

# 鈴木大拙略論

鈴木大拙本名鈴木貞太郎，生於明治三（一八七〇）年十月十八日，石川縣金澤市本多町。父親是金澤藩的醫者兼儒者，鈴木家所屬的佛教宗派是臨濟宗。他在就讀石川縣專門學校時就認識西田幾多郎（一八七〇至一九四五）這位同樣享譽國際的日本哲學家。日本版《禪與日本文化》的〈序〉就是由西田撰述的。西田在〈序〉中就說，鈴木在年少時就在思考深刻的人生問題，並說他自己在思想上深受鈴木影響。可見年少時的鈴木便已是一個老成的哲學少年。後來，在鈴木二十一歲（一八九一）時，他辭掉小學英語教師的工作到東京讀書，先到東京專門學校（後來的早稻田大學）學英國文學，但隔年就到東京帝國大學的哲學科就讀。鈴木也在一八九一年開始到鎌倉的圓覺寺習禪，先師事於今北洪川（一八一六至一八九二），然幾個月後今北洪川圓寂，他改師事釋宗演（一八五九至一九一九），受「大拙」居士號。

鈴木大拙在他二十七歲時，即明治三十（一八九七）年因釋宗演的推薦來到美國，一直待到一九〇八年左右。在這一期間，他主要在東洋學者保羅・卡洛斯（Paul Carus, 一八五二至一九一九）經營的歐朋・柯特出版社（Open Court Publishing Company）中，幫忙書籍出版工作，並把充滿難解漢字術語的《大乘起信論》（一九〇〇）等書翻譯為文字性質完全不同的英文等，且以英文寫出《大乘佛教綱要》（*Outlines of Mahayama Buddhism*, 一九〇八）等著作。這一期間的工作經驗奠定了他後來能給予西洋思想界深刻影響的語言和思想的基礎。他在一九〇九年回到日本後，先在學習院大學和東京帝國大學文科大學教書，後來先後辭這兩所大學的教職，並於一九二一年搬到京都，任真宗大谷大學教授。之後，一直到二戰結束之前，雖有到歐美活動，但主要待在京都。二戰結束後，鈴木則以建於一九四四的松岡文庫為基地，漸漸開始往返日本與美國兩地講學的生活，一直到一九六六年去世為止。當然，鈴木大拙的禪思想在歐美國家有顯著影響的時間當還是在二戰之後。鈴木在歐美的大學講課，且到處講演，影響了歐美國家中繪畫、音樂、文學、精神分析等許多藝文、學術領域的發展。

## 禪與日本文化

如前所述，鈴木大拙一生寫了許多英文著作。其中，在歐美國家廣被閱讀且影響深遠的就是《禪與日本文化》（*Zen Buddhism and Its Influence on Japanese Culture*，一九三八；一九五九年又以書名 *Zen and Japanese Culture* 再版）這本書。除此之外，他也寫過《禪與日本人的氣質》（禪と日本人の気質，一九三五）等相關的書與文章。但以下，主要以《禪與日本文化》一書來說明鈴木認為的禪與日本文化的關係。這本書是以鈴木於一九三五、一九三六間在歐美各大學的講演內容為基礎，再加入新資料寫成的。

按該書中的敘述，鈴木認為所謂的禪是，去除儀式、教條或來自種族的特殊心理習性的表面理解，而去理解佛陀自身的根本精神。那即是「般若」（超越的智慧）與「大悲」（愛）。同時禪也是引導我們覺知般若的方法。但那不是科學的、抽象的，而是重視個人體驗、直覺的理解方法。所以，禪源於我們存在的深處，是種超越的孤高（不執着）的精神、氛圍和「一即多，多即一」的思惟。

在鈴木看來，禪的氛圍滲透在日本人文化生活的各種層面。首先，就禪與美術的關係而言，禪表現在「わび（侘、wabi）」和「さび（寂、sabi）」等日本獨特的審美理念。「わび」的真意是匱乏，且是自願的匱乏，是憧憬自然生活和原始單純性的美學意識，而「さび」則是種孤絕感，是追求樸素、古拙感的美學意識。此外，鈴木認為「不對稱性」也日本藝術的一種美學意識。這些美學意識浸透日本水墨畫乃至日本的茶室和佛教建築物等等事物之中。

但就歷史來說，禪是在武士政權的庇護下興盛的，故與重視意志力的武士政治與文化習習相關。就「禪與武士」這個問題，鈴木認為禪是重視意志和直覺、戒律的宗教，其精神特質和為求戰場上的勝利，必須禁欲、守戒，且時時刻刻意識著死亡的武士行動精神是一致的。他舉北條時宗、武田信玄、上杉謙信等武士的行動和《葉隱》、《武道初心集》等武士道論來說明禪與武士間的關係。但是有意思的是，鈴木的武士道論在不知覺間就轉為一種日本人論，強調日本人對死亡的態度與禪一致，會為自己認為正確的理由勇敢且高潔地犧牲自己的生命。就這點來說，他贊成「禪是日本人的性格」這種想法。

再來，就「禪和劍道」的問題，鈴木認為武士的刀劍能破壞一切違反其主人意志的事物。就這方面而言，刀劍會與愛國主義、軍國主義精神相關，但另方面刀劍具備忠和自我犧牲的宗教意義。禪與刀劍一樣，也具有這兩面的效用。然後，他透過澤庵《不動智神妙錄》的解釋來討論禪與劍道的關聯，強調禪的修行和劍道一樣，皆依直覺追求一種無心無我的精神狀態。

然後，就「禪與儒學」，鈴木認為中世日本的禪僧也帶來受禪影響的儒學（宋學）。在鈴木看來，禪是印度思想順應中國的一種形態，使禪有了儒學色彩。即禪從儒學得到實踐性與倫理性，儒學則通過禪得到印度的抽象思索習慣，而有了形而上學的基礎。有意思的是，他指出宋學中存在著一種國族主義的哲學和精神，而這也被渡宋的禪僧帶回日本，進而影響後醍醐天皇等人的思想與行動。

最後，針對「禪與茶道」這個主題，鈴木在介紹禪與茶道的歷史後，按茶道中的「和・敬・清・寂（さび、わび）」精神來說明茶道如何受滲透著禪的原理和精神。亦即茶道重視「さび」「わび」（孤絕、匱乏、原始的單純），並以之為藝術原理，且具以直覺把握究極存在的精神。這和禪的精神是相通的，也是來自於前述的無心無我的心境。就此意義而言，茶道和劍道皆貫穿著禪的精神。所以，鈴木在本書中最後也說：「日本人普遍堅信，劍士、茶匠、以及其他技藝領域中的大師所獲得的直觀，只不過是同一種偉大經驗的具體運用」。

總之，按鈴木的解釋，不論是日本美術或劍道、茶道皆不單只是種技術，而是受重視直覺體驗的禪所影響，以達到宇宙無意識（無心無我的精神狀態）為目的之技藝。而禪之所以能在日本生根也是因受武士階級歡迎，與武士的精神和行動有其類似之處外，也符合日本人的性格。

但是不可否認的，在書寫於軍國主義年代的《禪與日本文化》乃至其後的《日本的靈性》（一九四四）等書中，鈴木似乎過度美化、純粹化了禪，強調禪符合日本人性格（因而對有些人來說，會感到某種日本優越性論的色彩），乃至與武士道精神相通，具軍國主義、國族主義精神等的面向。這些論點同時讓禪也有了某種戰爭意識形態的色彩，從而有研究者追究鈴木大拙的戰爭責任，但也有研究反對這樣的論點。不管如何，禪與戰爭的問題似乎構成鈴木大拙研究的重要爭論點。然而，讓日本佛教從屬於國家主義的人並非只有鈴木大拙一人，這是一個日本思想史中關於國家與宗教的複雜問題。

另外，讀完此書，或許有些對於禪學史有知識的讀者也會對本書中所描述的內容有所疑惑。到底是日本文化深深受禪影響？還是禪深深受日本文化影響？其實，禪只是日本文化的一重要元素，與日本文化融合的禪也只是禪學發展史上一種形態。過度地強調兩者的一致性或會讓我們即看不清禪，也看不清日本文化。在適度的距離上來觀看兩者的關係是必要的。與這一點相關，鈴木大拙對於禪的理解被認為是站在比較本質主義、宗教經驗、心理學層面的表述，而把禪玄思化了。也因為如此，他與站在比較客觀主義、實證主義、歷史學視角來理解禪的胡適有所論辯。

如上，這些圍繞著「大拙禪」的問題所展開的學術討論不少。但若超脫這些爭論，單就本書的論述來看，鈴木認為禪的方法與目的是普世的，但在日本的歷史與文化中得到了最好的表現。就這意義而言，禪有助於我們瞭解日本文化的同時，也能幫助我們探索自我，營造新生活。如果你對這兩件事都有興趣，這會是一本好的入門書。特別是對「斷捨離」生活有興趣的人或許可在本書獲得更進一步追求簡單生活的勇氣和知識。

# 序

西田幾多郎

大拙是我從中學以來的摯友。雖然我已經是七十歲的老翁了，還是清楚記得當時的事。大拙從那時就與眾不同。年紀輕輕就已超越俗世，總是思索著深刻的人生問題。同學們進大學的時候，他一個人去了圓覺寺的僧堂。那時洪川老師還在，但不久即遷化歸真，因此大拙入了宗演和尚門下。雖然也曾來過大學一段時間，平常完全過著雲水僧一般苦行修煉的生活。就這樣過了十年之後，他接受保羅．卡洛斯（Paul Carus）的邀請到了美國。在美國一待又是十餘年，四十歲左右回到了日本。從那時候到今天，他致力於佛典的英譯，以及對禪的研究論述，即使年屆古稀，依然孜孜不倦。他的著作等身，在國外的佛學者之間，或許比在日本更為知名。不曉得大拙自己還記不記得，年輕時他常說要讓全世界的人都認識佛教；如今果然實踐了他的諾言。乍看之下，大拙像個不沾染人間習氣的羅漢，其實他用情至深。雖然總是心平氣和，事實上他心思非常綿密、細膩而精確。他從不以學者自居，我也認為不應只把他視為一個學者，但大拙實在是個學識淵博、洞見精微的人。一生中不知遭遇多少難堪的人事、艱難的困境，他總是行雲流水，淡然處之。我有許多朋友，和許多人有過交往，但像他這樣的人實不多見。大拙也許謙卑，但說不定是我所認識最了不起的人。在思想上，我得之於他的甚多。

昭和十五年（一九四〇）八月

西田幾多郎

# 日文版作者序

雖然這本書原本是為外國人寫的，但考慮到若是譯成日文，讓日本人也能閱讀，說不定能為大家帶來些許益處，說不定值得大家參考，於是有了現在的樣貌。如果一開始就是為了寫給本國人閱讀，篇幅應該會更大。我也想過以比較研究性的方式書寫。不過，目前時間上實在沒有這樣的餘裕。

近年來，日本人就像隻小烏龜一樣，緊緊地把頭腳都縮在硬殼裡。我相信，為了真正的成長，不論在思想方面或是精神方面，我們都必須向外伸展。更何況，我們懷裡有的是無價之寶。

我想到一件乍看與本書無關的事。我到英國各大學演講，曾經在劍橋大學三一學院的客房，住了幾個晚上，和教授們以及高年級的學生，一起在食堂用餐。記得那時候的菜單，包括日期在內，都是用法文寫的。我詢問了宴會的主人布洛德教授，他告訴我「那是從創立以來的慣例」。翌日，我向負責接待的人，稱讚校長宿舍庭院裡的草坪生得漂亮，他告訴我「三百年來都是如此」。在各種意義下，英國人的貴族氣質與保守氣質，造就了今日的英國。有的人因此說英國人偽善。有的人則說，英國人是最有教養的民族。

先不管結論是什麼。如果被問起，通觀日本歷史，哪些人是最典型的日本人？我會舉出上杉謙信、伊達政宗、千利休等等。如果這些人活在今日，從各方面站上世界舞台，會扮演什麼樣的角色？我認為人物本位的日本文化觀，有其意義。

北川桃雄極為用心地完成了這個日文譯本，相當程度掌握到我的想法。只要能捕捉到大方向即已足夠，不一定需要學術上的精確性。此外，本書的論述並未涵蓋禪與日本文化的全體面相。禪與能樂，禪與日本人的宗教觀、自然觀等等方面，值得探討的還很多。這一些，還有待他日。

昭和十五年（一九四〇）八月，於鎌倉

鈴木大拙

# 目錄

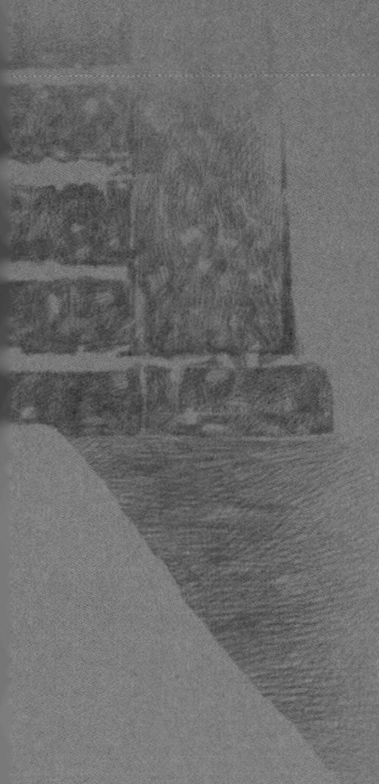

# 第一章●禪的預備知識

無須贅言，絕大部分真正理解，並且以公正的態度，著書論述日本人道德、文化、精神生活的海內外權威，一致同意禪宗對於日本人性格的建構，有極為重要的影響。我就曾經在其他地方，引述了近年最具權威的兩位外國作者之著作：查爾斯．艾略特爵士（Sir Charles Eliot）的《日本佛教》（Japanese Buddhism），以及喬治．山遜爵士（Sir George Sansom）的《日本文化》（Japanese Culture）。我想，大多數讀者對禪並非十分了解，因此在這裡先對禪進行某些簡單的描述，應該是合宜且必要的。然而，這不是件容易的工作。禪宣稱自己超越邏輯與語言的解釋，再加上從未有人試著讓它貼近一般讀者，因此對於那些不曾透過聽聞或閱讀而對禪有些許知識的人來說，要理解禪是相當困難的事。那些對禪特別有興趣的人，我希望他們能夠閱讀幾本先前我在這方面的著作。在這裡我將以最少的筆墨，描繪出禪的輪廓，以便讀者理解它對日本人性格與文化的影響。

禪是唐朝初年（第八世紀）在中國發展而成的一種佛教的型態。但它的起點可以追溯到更早的第六世紀，由來自南印度的菩提達摩所創始。它的教義與大乘佛教的一般教義並沒有什麼不同，當然也就是一般佛教的教誨。但是禪的目的，在於去除佛教於印度、中亞、以及中國等各地發展的過程中，堆積在創始者的教誨周圍那些皮相的見解，以傳授佛陀本身的根本精神。這些「皮相的見解」可以是儀式性的、教條性的，或來自種族的特殊心理習性。禪希望我們直接注視佛陀的精神。

這個精神是什麼？是什麼構成了佛教的精髓？那是般若（Prajñā）與大悲（Karunā）。般若可以翻譯成「超越的智慧」（transcendental wisdom），大悲則可以翻譯成「愛」（love）或「共感」（compassion）。般若使我們超越事物的表象，直視其真實。因此，當我們獲得般若，我們可以洞察生命與世界的根本意義，不再為純粹個人的利益與痛苦感到憂心。這時候大悲就可以自在地作用。也就是說，「愛」可以及於萬物，不再受利己心的阻礙。佛教的「愛」，甚至及於無生物。因為佛教相信，當「愛」穿透它們，萬事萬物皆可成佛，不論其存在之現狀，所採取的形式為何。

般若在我們的內在，沈睡在「無明」（Ignorance）與「業」（Karma）的密雲之下。禪喚醒般若。無明與業，來自我們對智識的無條件屈服。禪顛覆這樣的狀況。智性的作用透過邏輯與語言表現，於是禪蔑視邏輯。當人們要求禪表達它自己，禪噤聲不語。只有在把握事物的本質之後，我們才能理解智識的價值。禪要做的是逆轉知識的尋常進程，以它獨特的方法鍛鍊我們的心神，以喚醒超越的智慧（般若）。

宋代的五祖法演（一一〇四年歿）敘述了以下的故事，能夠大大地幫助我們理解禪的方法與禪的精神，是如何與基於智性、邏輯、文字語言的教導相反。[1]

「如果有人問我禪是什麼，我會這樣回答：就像學習偷盜之術。某個竊賊的兒子看到自己的父親日益年老，心想：『要是父親不能再幹活了，除了我，誰還能養這個家？我必須學會這一行才行』。他偷偷地告訴父親這個想法，父親同意了。一天晚上，這父親帶著這兒子到一戶豪宅，鑿開牆，進到屋子裡，打開一個大衣箱，要兒子進去把裡面的衣物搬出來。等兒子一進去，父親就把蓋子蓋上，牢牢地鎖起來。跟著，他跑到院子裡狂敲門，大喊『小偷！』把那家人全吵醒，自己則從容地從牆上的洞溜出去。這家人慌慌張張點起燭火，發現小偷已經逃走了。留在衣箱裡的兒子，對父親的無情憤恨不已。正當他覺得悶得厲害時，突然想到一個好點子，於是模仿老鼠啃東西的聲音。這家人命婢女取來蠟燭，檢查衣箱。等到箱子一打開，這囚虜一躍而出，吹熄了燭火，推開婢女，狂奔而去。眾人跟在後面窮追不捨。他看到路旁有一口井，遂抱起一顆大石頭，丟了進去。眾人聽到巨響，紛紛聚集在井旁張望，以為他投水了。這時候他已經回到父親家，責怪父親陷他於險境。父親說了：

『好了好了，別生氣了。告訴我你怎麼逃出來的。』

兒子從頭到尾說了他的冒險。

『就是這樣。你已經學會偷盜的技巧了。』」

這種激烈極端的偷盜術教學法，清楚地說明了禪的方法論。一名弟子請求師父教導，師父賞他一個耳光，大喝：「沒用的傢伙！」另一名僧侶問他的師父：「我對那個據說可以讓我們解脫煩惱的真理，有一個疑問……」這師父把他帶到法堂上，在眾僧面前說道：「看吶！眾僧，這裡有個死抱著疑問不放的傢伙！」然後把他一把推開，自己若無其事地回到房裡。師父的態度，就好像「懷疑」是一種犯罪一樣；至少表示在這個一切開放、人們可以自由省思的地方，不應該執著於懷疑。又有弟子問師父，是否了解佛法？師父回答：「不，

1．原文出自禪宗語錄《五祖錄》。

我什麼也不懂。」弟子又問：「那麼誰了解佛法？」師父指著書齋前的一根柱子。

當禪師要模仿邏輯家的言行，他會把一般的推理與評價標準，完全翻轉過來。莎士比亞的某齣戲劇裡，有個角色說：「美即是醜，醜即是美」。禪師則說：「你就是我，我就是你」。所謂的「事實」遭到忽視，價值一片混亂。

日本的劍術大師們，經常運用禪的鍛鍊法。一名弟子想要學習劍術，前來拜門求教。隱居山中小庵的大師拗不過，只好收他為徒。然而大師每天只是讓他打柴汲水，生火燒飯，灑掃庭除，做一般的家事，完全不教他任何劍術。過了一段時日年輕人開始心生不滿：自己是來學習劍術，可不是來當奴僕的。於是有一天，他開口要求師父教他劍術。師父應允了。從那天起，這年輕人再也不能安心做任何工作。一大早起來煮飯，師父會從背後拿棍子打他。掃地時也是，不知道棒子什麼時候、會從什麼方向飛來。他完全失去內心的平靜，隨時都必須保持警戒。就這樣過了幾年，終於不論棒子來自何方，他都能成功閃避。但師父仍然不滿意。有一天，這弟子看到大師在爐灶旁烹煮自己的蔬菜，認為機不可失，拿起一根粗大的棒子，等師父彎下腰、攪動著鍋裡的食物，棒子就往師父的頭頂落下去。但不知何時，大師拿起鍋蓋，接下了棒子。這時候弟子終於頓悟，看到了自己從未觸及的、全然無知的劍術真髓。於是他理解了師父無與倫比的慈愛。

禪的鍛鍊法非比尋常之處，就在這裡面。那就是親身體驗真理——不管它是什麼——而不是訴諸智性的作用或系統化的理論。後者忙著那些技術上的枝端末節，結果總是表面的，無法直抵事物的核心。「理論化」拿來打棒球、蓋工廠、建要塞、生產工業用品或各種殺人武器，或許很有用，但它不能幫助我們創造藝術品，不能使我們精通藝術——人類靈魂的直接表現——或是讓我們找到忠於生命的生活方式。事實上，任何與真正的創造性有關的事物，都是「無法言傳」的。因此，禪的座右銘是「不立文字」。

在這一點上，禪反對一切以「科學」或「科學化」為名的事物。禪是主觀的，科學則是非主觀的。非主觀的事物是抽象的，不關心個人的經驗。主觀的事物完全屬於個人，必須以當事人親身的經驗作為後盾，否則沒有意義。科學意味著系統化，禪正好相反。文字是科學與哲學的必需品，卻是禪的阻礙。如果禪需要文字，那只是像買賣需要貨幣一樣。我們不會穿戴貨幣來保暖，也無法用貨幣充饑止渴。貨幣要拿來換成真正的食物、真正的羊毛、真正的水——當這些東西對生活具有真正的價值時。我們總是忘記這個平凡的真理，不停地囤積金錢。同樣地，我們背誦文字，玩弄概念，認為自己很聰明。我們的確很「聰明」，但是在面對生命的真實時，這種聰明一點用處也沒有。如果這種聰明對生命有益，那現在不正是千禧年降臨的大好時機？

大略來說，知識有三種。

第一種，是我們透過閱讀或聽聞得來的知識。我們記憶它，視為重要財產。大部分所謂的知識，都屬於這種。我們無法踏遍地球，親身檢視每一個角落，因此我們仰賴他人製作準備的地圖，來認識世界。第二種知識，是一般所說的科學知識。那是觀察與實驗、分析與推理的結果。它的基礎比前者紮實穩固，因為它有某種程度的主觀與經驗的要素。第三種，是以直觀方式的理解所得來的知識。對於重視第二形態知識的人來說，直觀的知識缺乏穩固的事實基礎，因此並非絕對可靠。但事實上，所謂的科學知識有它本身的極限，也不可能是徹底的，始終有被推翻、被修正的可能。當緊急事態——特別是個人的緊急事態——發生，科學與邏輯可能都沒有時間運用它貯存的知識與計算；而因為心智無法喚起所有過去累積的記憶，記誦的知識也無法派上用場。相反地，直觀的知識形成所有種類的信仰——特別是宗教信仰——的基礎，最能有效、成功地面對危機。

禪試圖喚起的，就是第三型態的知識。它深深穿透，進入存在的根基——或者更應該說，它從我們本身的存在深處浮現。

我似乎偏離了主題——不過，在對於佛教精神的覺知方面，從禪對於智性作用的基本態度，我們可以在禪的一般氛圍中，看到它對於世間事物的某些特殊想法與感覺：

一、禪把焦點集中在精神，使它無視於形式。

二、或者更好的說法是，禪在任何種類的形式中，探尋精神的存在。

三、形式的不足與不完整，更能夠表現精神。因為形式上的完全，容易將人的注意力吸引到形式上，而忽略內在的真實。

四、否定形式主義，否定因循守舊、儀式主義的結果，使精神處於赤裸、孤絕與孤獨的狀態。

五、這超越的孤高，或「絕對」的孤絕，是一種禁慾主義（asceticism）的精神。那就是抹去一切非必要事物的痕跡。

六、以世間的語言來說，孤絕就是無執著、不依附。

七、如果我們將孤絕理解為佛教徒所說的「絕對」，那麼它沉積於森羅萬象的深處，從最卑賤的野草，到自然的最高型態。

以上述對禪的描述作為前提，接下來我將透過一般美術、武士道的發展、儒教與普通教育、以及茶道的興起，討論禪宗佛教在日本文化與日本人性格的形成中所扮演的角色，同時也在適當的時機，觸及其他論點。

# Zen and Japanese Culture

# 第二章 ● 禪與美術

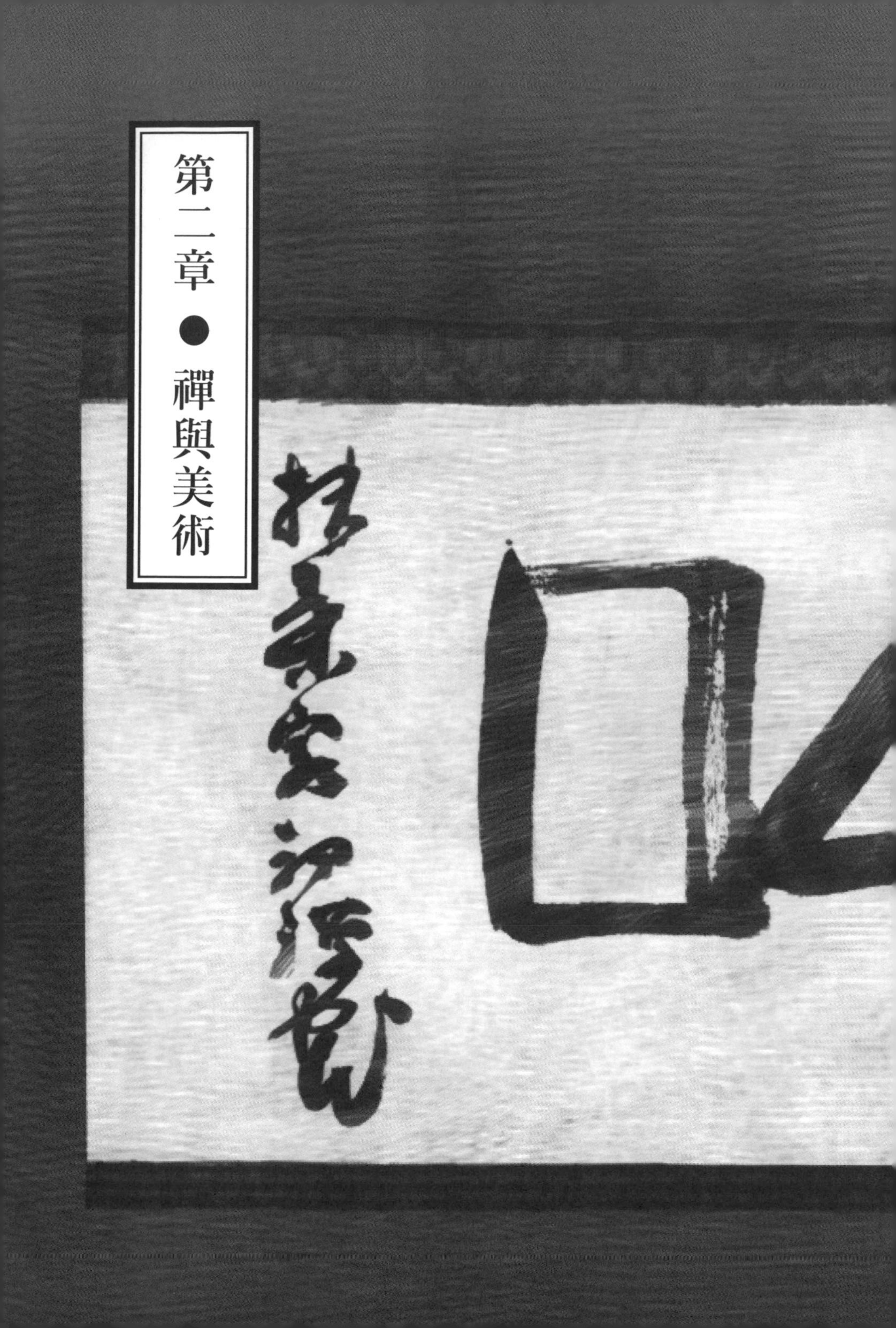

## 二

以上我們列舉了發自禪的特殊想法與感覺，接下來我們將觀察禪對於日本文化的形成所作出的貢獻。很重要的一點是，禪宗之外的所有佛教門派，對於日本人生活的影響，僅限於宗教方面；但是禪超脫了這個範圍。禪深入到國民文化生活的每一個層面。

中國的情況並不必然如此。在中國，禪相當程度地和道教的信仰與實踐、以及儒教的道德結合，但它不像在日本那樣，對國民的文化生活有那麼大的影響。（日本人熱切地接受禪，讓它緊密地融入生活之中。這是否與日本人的民族性有關？）然而有一個不可忽視的事實，那就是禪為中國的宋學、以及某些畫派的發展，帶來很大的刺激。後者在鎌倉時代初期，由頻繁往來兩國之間的禪僧，大量引進日本。於是南宋的繪畫在大海的此岸，找到了熱情的欣賞者。

南宋畫派的畫作，現在已成了日本的國寶，反而在中國不易見到蹤跡。

在更進一步的討論之前，關於日本藝術的一個特徵，我要先提出幾點觀察。這和禪對世界的概念有密切的關係，而且可以從中推衍而出。

日本人極具特色的藝術才能之一，是南宋大畫家馬遠所創始的，俗稱「一角」的風格。從心理層面來看，這個「一角」的風格，和日本畫家的「減筆體」有密切的關聯。所謂「減筆體」，是以最少的線條與筆觸，在絹本或紙上呈現事物的形體。兩者都與禪的精神若合符節。水波中央的一介漁舟，已足以在觀者心中喚起廣漠大海的意象，以及和平與滿足的感覺——這就是「孤絕」的禪感。[1]顯然，這艘小舟只能無助地漂浮。它的結構簡陋原始，沒有穩定船身的機械，也沒有渡越激浪的船舵，沒有任何足以克服天候的科學裝置——和動輒以萬噸計的現代郵輪正好對比。但是，「無助」正是這艘小舟的長處，和包圍它、包圍一切的大海——我們從中感覺到「絕對」的不可理解——形成對照。另外一幅圖，枯枝上一隻孤獨的鳥。這裡沒有一根多餘的線條，一抹多餘的陰影，

1．馬遠《寒江獨釣圖》。

或是一個多餘的色塊，卻已足夠讓我們感覺到，白晝日漸縮短，大自然收回華麗的夏日繁茂，一個寂寥的秋日。[2]它讓人多少感覺悲涼，卻給予我們一個機會，將注意力帶回內在生活。當我們有足夠的內省，就可以看見無盡的寶藏，毫不吝惜地在眼前展開。

我們在這裡，見識到多樣性之中的超越性孤高——在日本文化用語辭典中，稱之為「侘」（wabi）。「侘」的真意是「匱乏」，或者消極地說，「不融入或跟隨時下社會的潮流」。自願匱乏，意味著不依賴此世的財富、權力、名聲，同時在自己的內在，感覺到超越時代與社會地位的最高價值。這就是從本質上組成「侘」的東西。以實際的日常生活來說，「侘」就是滿足於簡陋的居家，一兩坪的小房間，就像梭羅[3]的小木屋一樣。一碟青菜，摘自屋子後頭的菜園；側著耳朵，可以聽見綿綿的春雨。關於「侘」，稍後我還會更仔細地說明，這裡我想先說的是，「侘」的態度深入日本人的文化生活之中。那事實上是一種對匱乏的崇敬——對於日本這種貧窮的國家，說不定是最適合的態度。即使在近代西方的奢侈與安逸大量入侵的現況下，我們仍然無法根除對「侘」的態度之憧憬。甚至在知性生活中，也是如此。我們並不追求觀念的豐富性，華麗或故作莊重的論述，或是哲學體系的建構。我們安靜地沈思自然的神秘，滿足於大部分賦予我們的世界。我們覺得，這是更有意義、更具啟發性的事情——至少對我們之中的某部分人來說是如此。

不論我們如何「文明化」，即使成長於人工的環境，我們對於接近自然生活狀態的、原始的單純，似乎都有一種內在的渴望。因此居住在城市的人，會在夏季到森林中野宿，到沙漠旅行，或打開一條人跡未至的小徑。每隔一段時間，我們就想回到大自然的懷裡，直接感受她的心跳。禪的心靈習性，是打破一切人工人為的形式，確實把握隱藏在其背後的事物。這使得日本人不忘記土壤，親近自然，欣賞它沒有矯飾的單純性。生命本身是單純的；但是在智性的檢視下，在性喜分析的心智中，它呈現出無比複雜的樣貌。就算使用科學控制下的一切裝置、手段，我們也無法測量生命的神秘。但是，僅管生命的外觀無限多樣複雜，一旦我們委身於生命之流，我們似乎就能理解它。東方人最特別的氣質，或許就是從內在，而不是外在，去掌握生命。而這正是禪探掘之物。

2．牧谿《叭叭鳥圖》。

3．Henry David Thoreau，十九世紀美國自然主義詩人。

對精神的重要性之過度注意或強調，使我們無視於形式。「一角」的風格與筆觸的精簡，也使我們遠離因襲的規則。你看不到期待的線條、色塊、或是構圖上的平衡，但就是這一點，喚醒你心中意想不到的喜悅。毫無疑問地，這些不足或缺陷是極其明顯的，但你感覺不到它們；事實上，這個不完美本身，形成了一種完美的型態。無須贅言，美不必是完全的形式。這一直是日本藝術家拿手的技法——在不完全的型態中，甚至是在「醜」之中，體現美。

當這不完全的美伴隨著古意，或是原始的粗糙，我們可以看到日本鑑賞家所推崇的「寂」（sabi）。古意或原始性，不必是真實的；只要一件藝術品呈現歷史的時代感，即使只是表面的，「寂」就已存在。「寂」存在於樸素的不矯飾，古拙的不完全，明顯的單純或無造作的手藝，以及豐富的歷史聯想（雖然不一定是顯在的）。還有最後一點，「寂」含有某些無法解釋的要素，能夠將一件事物提升為藝術的作品。一般認為，這些要素來自禪的鑑賞。茶室中使用的道具，大多屬於這一類。

構成「寂」的藝術性元素，用文字來說就是「孤絕」或「孤獨」。曾經有一位茶道宗師以詩來定義它：

一眼望去
無花亦無紅葉
海邊小屋的
秋日黃昏

——藤原定家

孤絕訴求於思考，而不是華麗的展現。乍看之下，它可悲、無足輕重、惹人憐憫，特別是擺在西方或近代的背景之前。形單影隻，沒有飄揚的旗幟，沒有燦爛的煙火，在無窮改變的形體、無盡變化的色彩中，完全引不起注目。只要挑一幅水墨素描——也許寒山拾得的畫像——掛在歐洲或美國的美術館，看看它在觀眾的心中引起什麼樣的效果，就能明白這一點。孤絕的觀念屬於東方，在誕生之處它倍感自在。

孤絕不只生在秋暮的漁村，也在早春的一抹新綠裡——後者甚至比前者更能表現「寂」或「侘」的觀念。一抹新綠可以是仲冬的荒涼中，生之衝動的顯現。就像這首三十一個字的詩告訴我們的：

那只知等待花朵的人啊
我要怎麼讓你看見
白茫茫的小山村的
小草的春天

——藤原家隆

這是一位老茶師寫的歌。茶道最主要的指導原則——「寂」——表現無遺。那只是生命力透過一株小草的微弱主張，但一個有眼光的人，已經可以看到在層層堆雪的壓制下，春天就要破殼而出。你可以說那只是一個暗示，擾動了他的心。儘管如此，那就是生命本身，絕不僅是微弱的徵兆而已。對藝術家來說，生命在這裡展現的力量，不亞於綠草如茵、甚至是繁花盛開的原野。我們不妨稱之為藝術家神秘的感受性。

日本藝術的另一個特質，是「非對稱性」。這個觀念顯然來自馬遠的「一角」風格。最直接大膽的例子，是佛教寺院的建築規劃。雖然山門、法堂、佛殿等主要建物沿著一直線，但次要或輔助性的建物——有時甚至是主要建物——並非在主線的兩翼，以對稱的方式排列。後者順應地勢的特徵，不規則地分散。只要造訪任何一所山寺，比方日光的東照宮，就可以清楚地看到這一點。可以說，非對稱性正是這一類日本建築的特性。

茶室的結構也證實了這一點。天井至少以三種樣式構成。茶具的擺設，庭園步道的踏腳石，都是如此。我們隨處可以見到非對稱或不完全，或者說，「一角」風格的實例。

某些日本的道德學家，試圖說明日本藝術家這種偏好非對稱形式、排斥俗成（幾何學式的）藝術規則的傾向。他們說，日本人在道德上所受的訓練，使他們總是消弭自己的存在感，不讓自己過於顯眼。如此養成的、抹除自我的心靈習性，也自然地表現在藝術中，比如在重要的、中央的空間處留白。不過，我認為這樣的說法並不正確。日本人的藝術天才受到禪的啟發。在禪的視線下，個別的事物本身就是完美的，同時也體現了屬於「一」的「整體」本質——這樣的解釋，不是更貼近真實嗎？

禁慾唯美主義的教條，不像禪的美學那麼觸及根本。藝術衝動遠比道德衝動更為原始，更與生俱來。藝術的力量更能直達人的本質。道德是規範性的，但藝術是創造性的。一個是外在的強制，另一個則是來自內在難以壓抑的表現。禪必然聯結到藝術，而不是道德。禪或許可以無關道德，卻不能沒有藝術。即使日本藝術家從形式的觀點創作不完全的作品，甚至以時下的道德美學說明自己的藝術動機，但是我們無須太在意他們自己的、或評論家的詮釋。人的意識，終究不是十分可靠的判斷基準。

無論如何，非對稱性確實是日本藝術的特徵。這是日本的藝術作品為什麼總是輕快而小巧的理由之一。對稱性觸發我們優雅、莊嚴與厚重的感覺，那又是來自前述的邏輯形式主義及抽象觀念的堆積。許多人認為智性並未充分滲透日本人的一般文化，所以日本人缺乏智性，不擅長哲學思考。我認為日本人之所以引起這樣的批評，和他們喜好非對稱性有關。智性通常渴望均衡，日本人則無視於這一點而偏好不均衡。

不均衡，非對稱，「一角」，匱乏，簡化，「寂」，「侘」，孤絕，以及其他來自同樣根源的觀念，形成了日本藝術與日本文化最顯著的特質。這些觀念全部來自同一個中心概念，也就是禪的真理——「一即是多，多即是一」。

## 二

禪刺激日本人民的藝術衝動，禪的獨特思想，賦予他們的作品色彩。其中的一個理由，來自下列的事實：至少在鎌倉與室町時代，禪院是保存學問與藝術的重地；禪僧一直有許多接觸異國文化的機會；一般民眾，特別是貴族，仰望禪僧給予他們的文化啟發；禪僧本身即是藝術家，學者，以及神秘思想家；當時的當權者鼓勵禪僧從事商業，引進異國的藝術品與工藝品；貴族與政治上的支配階級不僅是禪門的後援，而且自願從事禪的修行。因此禪不只直接影響日本人的宗教生活，更及於他們的一般文化。

天台、真言、淨土等宗派的貢獻，在於使日本人深深浸潤在佛教精神之中。在佛德具現（iconography）的宗旨下，他們發展出對於雕刻、繪畫、建築、紡織與金工的藝術直覺。但天台宗的哲學過於抽象深奧，無法為大眾所理解；而真言宗的儀式十分繁複，結果對大多數人來說，太過昂貴。真言宗與天台宗為日常的祈禱，製作了精良的雕塑、繪畫，以及富有藝術性的用具。許多評價最高的日本「國寶」，來自奈良與平安時代，當時這兩個佛教宗派十分興盛，與文化階級保持良好的關係。

淨土宗傳授「淨土」的意象——極樂淨土中，在諸菩薩的隨侍下，佛陀散發著無量光。這樣的意象激發藝術家畫出莊嚴的佛畫，如今保存在各地的日本寺院裡。

日蓮宗與真宗是日本宗教心理的創造者。日蓮宗並沒有給予我們太多特定的藝術或文化刺激。真宗具有某些佛像破壞主義的傾向；除了親鸞上人的「和讚」與蓮如上人的「御文」[4]，在美術與文學上沒有值得一提的作品。

禪宗在真言宗與天台宗之後傳到日本，而且立刻獲得武門階級的支持。禪宗被認為反對貴族僧侶階級，這或多或少是一種政治的、歷史的意外。從一開始，貴族就對禪宗持有某種反感，並且運用他們的政治關係，形成反對禪宗的勢力。所以，在日本禪宗史的初期，禪宗避開了京都，而接受了鎌倉北条家族的庇護。當時鎌倉是幕府的所在地，也因此成為禪門修行的根據地。許多來自中國的禪僧定居在鎌倉，北条十賴、北条時宗，以及他們的後繼者與部屬，成為這些中國禪僧最有力的支持者。

中國的禪師帶來許多美術品與美術家，從中國歸來的日本僧人也帶回來美術與文學。牧谿、梁楷、馬遠、以及其他畫家的作品，就這樣來到日本。中國知名禪僧的墨跡，也在日本的禪院得到妥善的收藏。遠東地區的書法，如同水墨畫一樣，也是一種藝術。古時候的知識階級，普遍都具有這方面的素養。禪畫與書法中瀰漫的精神，帶給日本人強烈的感受，於是他們立刻開始效法、模仿。那裡面有某種陽剛的、不屈的要素。鎌倉之前的時代，那種普遍的溫雅優美的風格——幾乎可以稱之為女性的——如今被雄性的特質取代。這種雄性的特質大部分表現在當時的雕刻與書法。關東武士頑強的陽剛氣質是出了名的，和京都朝臣們的優雅精緻形成明顯對比。武士的特質強調神秘思想，以及對世俗事物的疏離；這樣的特質需要意志力。在這個特別的面相上面，禪與武士道精神是相符的。

4・譯註：書信集。

禪的修行——或者更應該說，實踐禪的教義的僧院生活——還有另一項特質。禪院通常位於山林之中，住在其中的人與「自然」有密切的接觸，以親近的態度與共感，向「自然」學習。他們觀察植物、鳥獸、岩石、河流，以及其他城市居民通常漠不關心的自然事物。他們的觀察有一個特點，那就是這些觀察深深反映在他們的哲學裡——或者更應該說，他們的直觀裡。那不只是自然學者的觀察。禪僧的觀察，穿透對象的生命本身。不論他們描繪自然的什麼部分，都無可避免地表現出這一份直觀。我們可以在他們的作品中，感覺到「山林精神」和緩的呼吸。

只要他們本身是具有藝術感受性的人，禪師從修行中獲得的根本直觀，必定會激發他們的藝術本能。這一份直觀顯然與藝術感覺有密切的關係，促使禪師們創造美麗的事物；也就是透過「醜」與「不完全」，表現「完全」的感覺。禪師不一定是好的哲學家，但他們經常是傑出的藝術巨匠，他們的技術也經常是一流的。而且，他們知道如何向我們傳達那些獨特的、原創的事物。有一個絕佳的例子，是十四世紀南北朝時代的夢窗國師。他是一位優秀的書法家，也是偉大的園藝家。他住過日本許多地方，所到之處都留下了絕美的庭園，有一些經過數百年的歲月，仍然完好地保存至今。而在十四、五世紀的著名禪宗畫家之中，我們可以舉出兆殿司（一四三一歿）、靈彩（一四三五頃）、如拙（一四一〇頃）、周文（一四一四至一四六五頃）、雪舟（一四二一至一五〇六）等幾位。

《中國神秘思想與近代繪畫》（Chinese Mysticism and Modern Painting）之作者喬治．杜圖伊（Georges Duthuit），十分了解禪的神秘思想。他這樣說：「中國畫家作畫的時候，重要的是思考集中，手迅捷有力地回應意志的指導，一氣呵成。傳統要求他在動筆之前，先從整體去觀看、感受畫作。『如果一個人的思考混亂，他將成為外在狀態的奴隸』。還有，『以作畫為目的，有意識地揮動畫筆，將錯過繪畫的藝術』。這就像一種自動書寫（automatic writing）。描摹竹子十年，自己化身為一根竹子，然後在作畫時，忘記有關竹子的一切。因為已經擁有萬無一失的技術，畫家將自己全盤託付於靈感的啟示」。讓自己化身為一支竹子，然後在作畫時，連這一點都忘記——這是竹子的禪。作畫的人隨著「精神的律動」動作，而這「精神的律動」存在於竹子之中，也存在於畫家的內在。這時候他需要的是牢牢地掌握住精神，卻不能意識到自己正在這樣做。只有在長時間的精神鍛煉之後，才能學會這樣的技能。東方人從他們的文明初期以來就接受教導，如果想要在藝術或宗教的世界有所成就，就必須投身這樣的修行。事實上，禪以一句話說出了這件事：「一即是多，多即是一」。當一個人充分了解這句話，創造的天才就應聲而生。

重要的是，以正確的方式詮釋這句話。有些人認為它意味著泛神論，而某些研究禪的人，也同意這些評論家的看法。這令人遺憾。泛神論與禪完全無關，也和藝術家對自己工作的了解，徹底不同。當禪師說一即是多、多即是一，他的意思絕不是有「一」和「多」這樣的東西，互相存在於對方之中。人們想像，因為一存於多之中，所以禪是泛神論。遠非如此。禪不認為「一」與「多」是相互獨立的東西。「一即是多，多即是一」必須理解為一個有關絕對事實的完整命題，不應該被分析、拆解為數個組成的概念。當我們看到月亮，我們知道那是月亮，即已足夠。那些分析經驗、試圖建構知識理論的人，不是禪徒。即使他們曾經是，在他們開始分析的當下，就不再是禪徒。禪尊重己身的經驗，拒絕委身於任何哲學體系。

就算禪進行智性的活動，它也從來不曾以泛神論的方式解釋世界。禪裡面沒有「一」。當禪談論「一」，彷佛它認同「一」的時候，只是在對日常語言表示謙遜與敬意。對禪徒來說，一就是多，多就是一。它們是同一的，從來無法分開。萬物以其本然的樣貌（真如），來自虛空（無），存於虛空。真如即無，無即真如。

下述的問答，或許可以幫助我們理解禪對於所謂泛神論世界觀的態度。

一名僧人問投子（又稱大同禪師，唐代）：

「一切聲音都是佛陀的聲音，對嗎？」

「是的」禪師回答。

僧人繼續問：

「那麼大師的聲音，和放屁並無二致，是嗎？」

投子聽了，打了僧人一棒。

僧人又問：

「佛陀說，所有的話語，即使是無聊的毀謗，都屬於終極的真理。我的理解是對的嗎？」

「是，你是對的」禪師回答。

僧人再問：

「那我可以叫你禿驢嗎？」

投子又打了僧人一棒。[5]

或許我們需要以平易近人的語言，來說明這些問答。我認為，主張所有的聲響、噪音、話語，都來自同一「實在」的源頭——亦即，「唯一神」——是泛神論的想法。比如「自己倒將生命、氣息、萬物，賜給萬人」（使徒行傳第十七章二十五節），還有「我們生活、動作、存留，都在乎他」（使徒行傳第十七章二十八節）。如果這是真的，那麼禪師刺耳的嘶吼，與流自佛陀金口的曼妙嗓音是一樣的；說大師是頭驢子，這樣的毀謗也反映了某些真理。如此一來，我們就不得不說所有形式的惡都體現了真、善、美，對「實在」的完成有所貢獻。說得更具體一點，惡就是善，醜就是美，偽就是真，不完全就是完全，反之亦然。那些認為萬物皆有神性的人，就是如此推論。禪經常被批評為具有類似的傾向。

但是，投子一腳踩碎這種主智主義者的解釋，給了僧人一棒。那僧人原本期待看到禪師不知所措的樣子，因為他知道在邏輯上，自己的結論是從最初的命題推衍得來的。但投子知道——所有的禪師都知道——對於這樣的人，言語的說明是沒有用的。因為，文字的遊戲只能使我們從一團混亂，移到另一團混亂。要讓這個僧人領悟他概念理解的虛偽，唯一有效的方式也許是打醒他，讓他親身體驗「一即是多、多即是一」的意義。他必須從邏輯的夢遊中醒來。所以投子才用了如此激烈的方法。

雪竇以詩來評論這件事：

可憐無限弄潮人
畢竟還落潮中死
忽然活
百川倒流鬧聒聒

——《碧巖集》

這裡需要的是驟然的轉變與覺醒。只有這樣，人才能覺察禪的真理。禪的

---

5．問答出自《碧巖集》。

真理既不是超越論，也不是內在論，更不是兩者的結合。投子如此說：

「如何是佛？」一僧問。

「佛」投子答。

「如何是道？」僧又問。

「道」投子答。

「如何是禪？」僧再問。

「禪」投子答。

投子的回答像鸚鵡學舌。他就是回聲，就是反響。事實上，除了斷言事物即其所是——就是最後經驗的事實——沒有其他方法，可以點亮這個僧人的心智。

一個僧人問趙州（唐代禪僧）：

「有人說『完全之道』不難，就是去除分別。『無分別』是什麼意思？」

趙州回答：

「天上天下唯我獨尊。」

僧又說：

「這還是一種分別。」

趙州斥：

「蠢材！分別在哪裡？」

僧不發一語。

禪師所說的「分別」，意思是不接受事實的原本樣貌，而任憑智性的作用，對事實進行思考，將它們分析為概念，結果陷入循環論證之中。趙州的斷言是決定性的，不允許模糊的遁詞或是爭論。我們必須接受、並且滿足於它字面的意義。有時候我們無法接受它，將它擱在一旁，到別處尋找啟蒙。故事裡的僧人不明白趙州的立足之處，繼續追問下去：「這還是一種分別。」但事實上，「分別」在僧人身上，不在趙州這裡。於是「唯我獨尊」變成了「蠢材」。

如前所述，「一即是多、多即是一」這句話不應該先被分析成「一」與「多」兩個概念，再用「即是」把它們連接起來。我們不應該對它起分別的作用，只能接受它，住在它裡面。這是我們唯一必須做的事。禪師打人、罵人，不是因為他生氣或沒有耐性，而是希望藉此幫助弟子脫離陷阱。這個場合中，再多的議論也是無益的，任何語言的說服都沒有用。只有禪師知道如何走出邏輯的迷宮，打開新的道路。我們只要單純地跟隨就好。跟隨禪師，我們都將回到「本家」。

「一即是多、多即是一」，就是對事實的直觀或經驗性的理解。所有佛教派別，都教導這個佛法的根本教義。以般若經的語言來說，「空即是色、色即是空」。空是「絕對」的世界，色是具體事物的世界。「柳綠花紅」是我們最常聽到的禪語之一。它講的是具體事物的世界，在這個世界裡，竹子是筆直的，松樹是蜷曲的。禪如是接受經驗的事實，禪不是虛無的。但同時這一切都是空；不是在相對的意義下，而是在絕對的意義下。絕對的「空」不是經由分析推理得到的概念，而是經驗的事實，就像竹子的直，花的紅。「空」只是對直觀或知覺的單純陳述。當我們的心把注意力朝向內在，而不是外在的智性作用，它將會知覺到一切來自空而歸於空。而雖然因為語言的關係，我們不得不如此敘述，好像「來自」與「歸於」是兩個方向，其實那只是同一個動作。這個動態的同一性是我們經驗的基礎，我們的一切生命活動都展現於其上。禪教導我們深入挖掘這個基礎。當禪師被問到「禪是什麼」，有時候他回答「禪」，有時候回答「非禪」，就因為這個觀點。[6]

如今我們知道水墨畫的原理來自禪的體驗；也看到直接性、單純性、運動性、精神性、完全性等等常見於東方水墨畫的性質，與禪之間的有機關係。水墨畫裡頭沒有泛神論，禪裡面也沒有。

6．著者註：在這裡想附帶一提的，是我從演講中得到的一些想法。讓我們稱之為「禪經驗的邏輯」。般若經云：「諸心皆為非心、是名為心」（taccittam acittam yaccittam），簡要來說就是「即非的邏輯」。換句話說，「心非心、故為心」。否定即肯定。雖然否定與肯定絕對相反，彼此處於「非」的立場，但這個「非」的立場直接就是「即」。我稱這個為禪的邏輯。「即非」同時也是「無分別的分別」、「無意識的意識」。進一步的論述，就讓給哲學家來做吧。

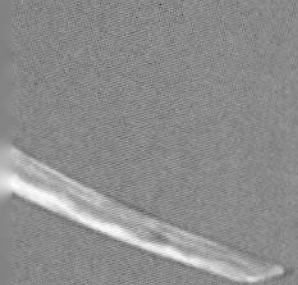

# 第三章 ● 禪與武士

如果我們說，禪與日本武士階級的精神有所聯結——不論以什麼方式——聽起來或許很奇怪。不管在哪個國家，不管以什麼型態興盛，佛教始終是慈悲的宗教；在歷史的變遷中，佛教從不曾參與戰爭活動。那麼，禪何以激發了日本武士的戰鬥精神？

在日本，禪從一開始就與日本武士的生活產生密切的關係。雖然禪從未積極唆使武士從事他們血腥的行業，但是當武士進入禪的世界——不論驅使他的理由是什麼——禪就以消極的方式支持他們。禪從道德與哲學兩個方面支持武士。以道德上來說，禪教導人們一旦決定了要走的路，就不再回頭。在哲學的方面，禪對於生和死一視同仁。最終來說，不回頭的態度來自平等看待生死的哲學信念，但因為禪是意志的宗教，因此它在道德方面對於武士精神的吸引，大於哲學。從哲學的角度來看，禪反對主智主義、重視直觀，因為直觀是通往真理更直接的道路。因此，不論在道德上或哲學上，禪對於武門階級來說，都非常具有魅力。武門階級的心智相對單純，完全不會耽溺於哲學思索，這是戰士的根本資質。他們很自然地在禪之中找到相似的精神。這或許是禪與武士之間，產生密切關係的主要原因之一。

其次，禪的修行講究單純、直接、自立、克己，這種刻苦的傾向與戰鬥精神十分契合。戰士必須始終注視著單一的目標，那就是戰鬥；他們不向後看，也不左顧右盼。他必須做的，就是筆直前進，以粉碎敵人。因此他不能受到任何事物阻礙，不論是肉體的、物質的、情感的，或是智識的。智識上的懷疑，將成為他前進的重大阻力；而情感與物質的所有物，將成為他有效執行任務的最大負擔。好的戰士通常是禁慾而自制的，那表示他必須有鋼鐵般的意志。在必要的時候，禪提供他們這樣的意志。

第三點，禪與武門階級之間，有著歷史的聯結。榮西（一一四一至一二一五）通常被視為第一位將禪引進日本的佛僧。但是他的活動範圍或多或少侷限在京都，而當時的京都是舊佛教的主要據點。在既有宗派的強硬反對下，想要在京都創建新宗教，幾乎是不可能的。榮西必須有某種程度的妥協，與天台宗與真言宗保持友好。不過在北条氏統治的鎌倉地區，就沒有這樣的歷史困境。軍事化的北条氏，其政權繼承自源氏，而源氏是反抗平氏及宮廷貴族而興起的。平氏與宮廷貴族因為柔弱與過度修飾的文化，導致墮落與退化，失去了統治的權力。北条政權則以嚴格的儉約與道德紀律，以及有力的行政與軍事組織聞名。

這個強大統治機器歷代的領導人，無視於既有的信仰傳統，投向禪的懷抱，以作為他們的精神指南。因此自十三世紀以來，歷經足立時代與德川時代，禪一直對日本人的一般文化生活，產生各式各樣的影響。

禪並沒有由成套的概念與知識性公式所組成的特定教條或哲學。除了一點：禪試圖將人，從生死的羈絆中解放出來。為了這個目的，禪使用特有的某種直觀的理解方式。禪非常具有彈性；只要不妨礙它直觀的教義，它幾乎可以和任何哲學或道德教訓相容。因此我們可以看到禪與無政府主義或法西斯主義、共產主義或民主主義、無神論或唯心論，或者任何其他政治或經濟教條結合在一起。禪始終富有某種革命精神。當時代停滯不前、事態陷入僵局，我們被守舊主義、形式主義、或其他僵化思想壓得無法喘息，禪就會顯現鋒芒，成為一股破壞性的力量。在這個面向上，鎌倉時代的精神與禪的陽剛精神相互呼應。

日本有一個說法：「天台是皇室的，真言是貴族的，禪是武家的，淨土則屬於平民大眾」。這個說法貼切地描繪出日本佛教各宗派的特質。天台與真言充滿繁文縟節，它們的儀式極盡繁複奢華，適合教養階級的品味。淨土因為其單純的信仰與教義，很自然地合乎平民的需求。禪是意志力的宗教，而戰士迫切地需要意志力。不過，意志力需要由直觀喚醒。

北条氏家族的第一位禪宗信徒，是北条時賴（一二二七至一二六三）。他繼承了父親北条泰時的政權。時賴從京都、更直接從中國南宋招攬禪師，並且跟隨他們潛心學禪。最後，他習得禪的真髓。這件事大大地激發了時賴的部屬們，群起效法他們的主君。

時賴孜孜不倦、持續努力修行了二十一年，終於在中國禪師兀庵的門下開悟。就在那時，兀庵為這著名的弟子寫下一首偈。

我無佛法一時說　子亦無心無所得
無說無得無心中　釋迦親見燃佛燈

一二六三年，在成功地扮演執政者的角色之後，時賴死於三十七歲之壯年。當他自覺大限已到，穿上袈裟結跏趺坐，寫下辭世的詩，平靜地逝去。

業鏡高懸

三十七年
一槌打碎
大道坦然

北条時宗（一二五一至一二八四）是時賴的獨子。一二六八年繼承父親職位時，年僅十八。他是日本歷史上最偉大的人物之一。沒有時宗，日本的歷史將會完全不同。一二六八到一二八四的執政期間，他鞠躬盡瘁，成功地粉碎持續多年的蒙古入侵（元寇）。他就像上天為了拯救日本免於滅絕的災難，所派來的使者。他在解決元寇入侵這個日本史上最重大事件的同一年逝去。他短暫的生命，完全奉獻給這個任務。在那個時候，他是整個民族的身體與靈魂。他不屈不撓的精神，控制住所有情勢。他的全部存在，化為最堅強團結的部隊，面對西海的怒濤，就像一塊屹立不搖的巨岩。

不僅如此。更令人驚嘆的是，這個超人般的人物還有時間、精力、以及求道的心，潛心向來自中國的禪師學禪。他為他們修築禪寺，其中鎌倉的圓覺寺，是特別為了佛光國師興建的；同時也是為了悼念日中兩國，因為元寇入侵而往生的亡靈。時宗的墳墓至今仍在圓覺寺境內，寺裡另外還保存了時宗的幾位精神導師寫給他的書函。從這些信件我們可以看出來，時宗的修行如何地勤勉積極。下述的故事雖然不能斷定真偽，卻能幫助我們想像時宗對禪的態度。有一次，時宗問佛光國師。

時宗：「生命最大的敵人是懦弱。我該如何避開它？」

佛光：「斬斷它的根源。」

時宗：「它來自何方？」

佛光：「它來自時宗本身。」

時宗：「所有事物之中，我最痛恨的就是懦弱。它怎麼會來自於我？」

佛光：「你把緊抱不放的、名為時宗的那個自我丟到水裡，看看會有什麼感覺。等你做到的時候，再來見我。」

時宗：「怎麼才能做到？」

---

1．一二七五年，元軍入侵南宋，避難於溫州的能仁寺。元軍包圍寺院，要殺死無學。無學臨危不亂，作《臨刃偈》一首：「乾坤孤笻卓無地，喜得入空法亦空。珍重大元三尺劍，電光影裏斬春風。」元軍聽後，默然退去。

佛光：「斬斷一切妄念思慮。」

時宗：「如何從意識中斬斷思慮？」

佛光：「坐禪。看著那些你認為屬於『時宗』的各種思緒，徹底注視它們的根源。」

時宗：「我有許多世俗的事務要處理，很難找到冥想的時間。」

佛光：「不論忙於什麼世俗的事務，把它們當作你內省的機會。有一天你會明白，誰是你抱著不放的這個時宗。」

時宗與佛光之間，必定曾在某個時候，發生類似的對話。而在最後的戰役之時，時宗接獲情報，確定蒙古軍隊渡過筑紫之海大舉來襲。他來到佛光國師跟前。

「生平第一大事，到底是來了。」

「你打算如何面對？」佛光問。

「喝！」時宗威吼，彷彿真的要斥退眼前數以萬計的敵人。

佛光大悅。說：

「果真獅子兒！真能獅子吼！」

這正是時宗的勇氣。憑藉這樣的勇氣，他面對來自大陸的、壓倒性的大軍，成功地擊退他們。

不過，從歷史事實來看，時宗成就此一日本歷史上最大功績，憑藉的不只是他的勇氣。他仔細計畫這項任務所需的一切細節，徵召全國各地的軍隊，實行他的計策，以反抗強大的侵略者。他從未離開鎌倉，卻能讓遠在西邊的軍隊迅捷、有效地執行他的命令。在那除了驛馬、沒有更快速通訊方法的遙遠古代，這真的是非常了不起的事。要是他對於部眾沒有絕對的信心，是不可能達成如此大業的。

佛光為時宗的喪禮所作的弔辭，完整地勾勒出時宗的人格：

「故禪門大檀那果公，乘大願力來，剎那間住。視其所以，觀其所由，具十種不可思議。此十種何之謂也。事母盡孝，事君盡忠，牧民以惠，參禪而悟。握二十年乾坤，喜　不見於色。一掃蠻煙，不示矜誇。造圓覺以濟幽魂，禮祖師以求明悟。實自天界，為法而來。乃至臨終之時，忍死以受老僧法衣，了了書辭世之偈而長去。實為世間了事之凡夫，亦為菩薩之應世……」

時宗無疑是天生的偉人，但禪的修行大大地裏助他公私兩方面的生活，這一點也不容置疑。時宗的夫人也是一位虔心的修禪者，時宗死後，她在圓覺寺的對山，興建名為松岡東慶寺的尼寺。

我們說，禪是適合武人的信仰，這句話對鎌倉時代來說，有特別的意義。時宗不只是個武人，同時也是個以和平為宗旨的大政治家。當他收到第一次元寇入侵的軍情報告時，正在無學祖元禪師（即佛光國師）的指導下，於建長寺舉行重要的法儀。他如是向佛陀祈願：

「弟子時宗唯願：永扶帝祚，長護佛法。不施一箭而四海安和，不露一鋒而群魔頓息。德仁普利，壽福彌堅。秉慧炬，燭昏衢，剖慈心，賑危乏，匡護諸天，扶眾聖密。二六時中吉祥駢集云云」

時宗具有偉大的佛教徒精神，是真摯的禪修者。在他的獎勵下，禪首先在鎌倉奠定穩固的基礎，接著在京都，進而散佈到所有武人階級之間，發揮其道德上與精神上的影響力。而日本與中國禪僧之間的持續交流，帶來超越他們共同信仰的影響。來自中國的書籍、繪畫、陶瓷、織物、以及其他美術品，大量輸入；甚至木匠、石工、建築師、廚師，也隨著他們的主子來到日本。室町時代興盛的中日貿易，其實發端於鎌倉時代。

在時賴、時宗這種強力人格的主導下，禪順利地深入日本人——特別是武士——的生活中。禪在鎌倉的影響力越來越大，同時也在日本禪師的支持下，開始傳播到京都，不久就吸引了來自皇室的忠誠信徒，包括後醍醐天皇、花園天皇在內。京都興建了許多大型的禪寺，並且邀請以學德著稱的禪師們擔任住持。足利幕府的將軍們也是禪的支持者，大部分他們麾下的武將也紛紛效法。我們可以說，當時日本的天才們不是成為僧侶，就是軍人。這兩者在精神上的合作，很自然地促成了武士道的誕生。

在這裡，讓我談談武士的感覺模式與禪的內在關係。構成我們今日所理解的武士道的中心思想，是武士的尊嚴。而武士的尊嚴，是由忠誠、孝順、以及慈悲精神所組成。然而，為了盡到這些義務，需要兩個條件：第一，以道德上的苦行鍛煉自我；不只在實踐上，也在哲學思想方面。第二，隨時準備好面對死亡，在必要的時候毫不猶豫地犧牲。為了做到這兩點，需要許多心靈上與精神上的修煉。

因為最近發生在中國的軍事行動所引發的聯想，使得一本書造成沸沸揚揚的話題，那就是《葉隱》。這本書的標題如字面所示，是「藏身於枝葉陰影下」

的意思；它代表了武士的德行之一，不自誇、不吹噓，遠離公眾的視線，為同胞服務。《葉隱》由種種記錄、軼聞與道德訓示等所組成，有一位禪僧也負擔了部分的編纂工作。這個撰寫、編輯的工作開始於十七世紀中葉，在佐賀藩主鍋島直重治下進行。這本書極力強調，武士必須有隨時交出性命的覺悟。它主張，如果沒有瘋狂，無法完成任何偉大的工作。換成現代的語言來說，就是必須打破尋常的意識水平，解放隱藏於其下的潛在力量。這些力量有時是邪惡的，但它們無疑超乎人類，而且效果驚人。當出口被打開，無意識將超越個人的極限，而死亡則失去它的毒刺。就是在這裡，武士的訓練和禪彼此攜手。

讓我們引述《葉隱》裡的一個故事。柳生但馬守是一位偉大的劍道家，也是將軍德川家光的劍術指導。有一天，一名旗本（一種低階的武士）前來要求但馬守傳授劍術。

大師說道：

「以我所見，您本身已經是位劍術高手。在我們結為師徒之前，請告訴我您的流派。」

這位旗本回答：

「說來慚愧，我從未學習劍術。」

「您是來愚弄我的嗎？身為將軍的師父，我的眼光從未失誤。」

「請原諒我的違逆，但我真的對劍術一無所知。」

來者的堅決否認，使但馬守陷入沈思。不久之後他說：

「既然您這麼說，那就是如此。不過我確定您必定是某種事物的高手，雖然我不知道那是什麼。」

「如果您堅持，那我就說了。的確有一件事，我可以說完全掌握。當我還小的時候，突然有了一個想法：不論面對什麼樣的場合，武士都不應畏懼死亡。從那時開始，多年來我一直與死亡的問題奮戰，直至這個問題完全不再令我煩憂。您說的是這件事嗎？」

「就是這個！」但馬守叫出聲來。「這就是我的意思。我的判斷畢竟無誤。劍道的精髓，就是無懼死亡。我教導過數以百計的弟子，學成的一個也沒有。您不需要再學習任何技巧，您已經是位大師。」

——《葉隱》第十一卷

死亡是我們每一個人的重大問題。對於將生命完全奉獻給戰鬥的武士來說，這問題更是迫切。戰鬥意味死亡，對戰鬥雙方都是如此。封建時代，沒有人能預料致命的戰鬥什麼時候發生，武士必須永遠保持警覺，才不辱武士之名。十七世紀的一位武士作家大導寺友山，在他的著書《武道初心集》的開頭，這樣寫道：

「對武士來說最重要的觀念，就是死亡。從元旦的破曉，到除夕的最後一刻，他必須念茲在茲，日夜不忘。當你牢牢守住死亡的念頭，就可以十二分地盡到你的義務。你將能事主以忠，事親以孝，而且自然地避開一切災難。你不僅可以長命，更可以保有威德尊嚴。人生無常，特別是武士的性命。把每一日當作你生命的最後一天，將每一天奉獻給你的義務。不要企求長壽，那會使你耽於荒淫浪費，在污名中結束生命。正成之所以要他的兒子正行永遠覺察到死亡的存在，就是這個緣故。」

《武道初心集》的作者，正確地描繪出武士普遍存在於無意識中的信念。死亡的念頭，一方面使一個人的思想超越他有限的生命，另一方面則使他保持警覺，認真看待日常生活。因此，每一個清醒嚴謹的武士，都很自然地接近禪，以求克服死亡。禪反對以學問、道德修養或儀式來處理死亡的問題，對於武士相較單純的心靈，具有極大的魅力。武士的心理態度，與禪直接、實踐的教義之間，存在一種邏輯的關係。

《葉隱》裡還有這樣一段話：

「所謂武士道，就是赴死的意志。當你站在生死的岔路口，不要猶豫，選擇死路。不需要特別的理由，只需要無畏的勇氣。有人會說，如果死亡不能讓你達到目標，那你死得不如一條狗。但站在生死的叉路口，你不需要為目標訂定任何計畫。人都喜歡活著，我們的計畫與推理，自然都是為了活下去。如果你活下去，卻錯過了目標，那你就是個懦夫。這才是你必須擔心的事。如果你錯過了目標而死得像條狗——瘋狂的行為，但你的名譽將毫髮無傷，無愧於武道。所以，每朝每夕，你要重新認識死亡。當你隨時保有赴死的決心，你將在武道中得到自由，一生不敗，善盡職責。」

——《葉隱》第一卷

有一位註釋者，為《葉隱》這本書，添上了塚原卜傳（一四八九至一五七一，日本最偉大的劍士之一）的詩句：

一切武士學
終究為一死

《葉隱》中引述了長濱豬之助的話：

「兵法之要，唯捨身討敵。若敵亦捨身來襲，乃旗鼓相當之時。其時致勝之要因，唯信心與命運爾。……」

——《葉隱》第十一卷

註釋者添了這樣的附記：

荒木又右衛門（德川時代初期一名偉大的劍士）即將與伊賀上野決一死戰的時候，告訴他的外甥渡邊數馬：「敵切我膚，割其肉。敵割我肉，斬其骨。敵斬我骨之時，取其性命可也」。

荒木還在其他地方（《一刀流聞書》），留下這樣的話語：「面臨性命攸關的決戰時，抱著被殺的決心前往。如此一來，你將銳不可當。若非真的抱著被殺的決心出戰，不可能戰勝。此中有深意。」

《葉隱》又說：

「生死乃必須超脫之事。武士若不能超脫生死，則一無是處。人曰『萬能一心』，彷彿『心』乃實際存在之物。但所謂『心』，其實就是超脫生死。若能超脫生死，便能習得任何技巧，入神通之道。」

這就是澤庵禪師所說，若能達成「無心」之心，萬事皆能成就。那是一種不再為死亡或不朽的問題煩擾的心靈狀態。

前面我們提到塚原卜傳，他是一位真正了解「劍的使命」的劍士。對他來說，劍不是殺人武器，而是精神上自我鍛鍊的器具。他的傳記裡有兩個膾炙人口的故事，且讓我引述如下：

卜傳和若干民眾一起乘船渡過琵琶湖。船上有一名粗暴的武士，身形壯碩，態度傲慢。他誇耀自己的劍術，吹噓自己是頂尖高手。同船的人聽得津津有味，卜傳卻事不關己地在一旁打盹。武士覺得刺眼，走過來搖醒卜傳，說：「你也帶了兩把劍，怎麼不說幾句話？」卜傳平靜地回答：「我的劍術與你不同。我的劍術目的不在打敗別人，而在於不被打敗。」這幾句話激怒了那名武士。

「告訴我你的流派！」

「我的流派稱為『無手勝流』。」（意思是「不出手而致勝」，也就是不需要用劍的意思）

「那你為什麼帶劍？」

「我的劍是為了讓自己免於私心，而不是為了殺人。」

武士暴跳如雷：「你真的打算徒手與我相搏？」

「有何不可？」卜傳回答。

這驕傲的武士叫船夫把船划到最近的島。但卜傳建議到遠一點的島上去；有住人的大島會引來旁觀的群眾，或許會有人受傷。武士同意。船開到遠處的無人島。一接近岸邊，武士就跳下船，拔出劍來，準備好戰鬥的架勢。卜傳則緩緩地解下自己的佩劍，把它們遞給已經在島上的武士，然後突然搶過船夫手上的船櫓，一把將船從岸邊推開。船飛箭似地滑行到深水處，離岸上的武士遠遠的。這時候卜傳微笑著說：

「這就是我的『無手勝流』！」

還有一個有趣而深具啟發性的故事，告訴我們卜傳在劍道上的修為，遠超過只是熟練的使劍技巧。他有三個兒子，都從小就學習劍術。他想要測驗他們的技藝。他在門簾上方放了一個小枕頭，如果有人要撥開門簾進他的房間，枕頭就會砸在那個人頭上。

卜傳首先叫大兒子過來。大兒子一走近，就看到門簾上的枕頭。他把它取下來，進到房間裡，再把枕頭放回去。接著是二兒子。他一掀起門簾，就察覺枕頭落了下來，於是用手接住枕頭，小心翼翼地將它放回原位。最後是老三。他冒冒失失地走進來，枕頭準準地砸在他的脖子上。但他迅速地拔劍，在枕頭落到地面之前，就將它劈成兩半。

卜傳宣布他的評語：「老大，你已經是個真正的劍士了。」說著送給他一把劍。跟著他轉向二兒子：「你還需要多多練習！」老么被罵得最慘——「你是家族的恥辱！」

武田信玄（一五二一至一五七三）與上杉謙信（一五三〇至一五七八）是十六世紀日本戰國時代的兩位名將。這兩人的名字常常被連在一起，因為他們的領地——一個在日本北部，一個在中部——緊緊相鄰，為了爭奪霸權，有過好幾次短兵相接的戰役。而且，兩人都是出色的武將，賢明的統治者，同時也是都熱心的禪徒。有一次謙信知道信玄為了治下的人民缺鹽而煩惱不已，慷慨地從自己的領地運送必要的物資，給自己的敵人——謙信治理的越後地區面對日本海，鹽的產量豐富。還有一次在川中島的對峙戰中，謙信對於戰事的延宕感到不耐，想要一舉定勝負，於是提著劍，單身策馬闖入信玄的帳幕。他看到敵將悠然地坐在椅子上，身旁只有三兩個侍衛，於是拔劍一揮，朝信玄的額頭落下，說道：「這劍刃如何？」——很典型的禪問。信玄神色自若，不慌不忙地舉起手中的鐵扇架住來劍，答道：「紅爐頂上一點雪」。這番問答或許不是真的發生過，但這故事告訴我們，這兩位不知恐懼為何物的戰士，是如何熱愛禪。

謙信開始虔心跟隨益翁學禪，有下述的由來：有一次益翁講述菩提達摩的「不識」，謙信也在場。謙信對禪略知一二，於是想要試探這和尚。他換上尋常武士的衣裝，混在聽眾之中等待時機。但是，益翁突然轉頭朝向謙信，問道：「藩主，達摩的『不識』意義為何？」謙信嚇了一跳，啞口無言。益翁不放過他，繼續追問：「藩主平日在其他場合，講起禪總是喋喋不休、論三道四，今天怎麼不回答？」謙信的自傲徹底瓦解。他開始在益翁的指導下認真學禪。這僧師經常告訴謙信：「如果你真的想要了解禪，必須捨棄生命，投身死亡的洞穴。」

後來，謙信留給他的家臣這樣的訓誡：

「執著於生者，死。無視於死者，生。唯心志如何。堅此心志，則入火中而不焚，陷水中而不溺，生死又有何關。余，常明此理而入三摩地。惜生厭死者，尚未得武士之心胆。」

信玄也在他的《信玄家法》中，談到了禪與死亡。

「應敬信佛心。實現佛心，則增大能。以邪心勝人，必自曝其短而滅亡。曰，神不受非禮，此之謂也。應虔心參禪。曰，參禪之秘訣無他，唯深考生死而已。」

從這些論述，我們無疑可以看到禪與武士的生活之間內在的、必然的關係。這一點不難說明——看看禪師們有時玩弄死亡於股掌的行為，就可以明白。信玄的老師是甲斐國惠林寺的快川和尚。信玄死後的一五八二年四月三日，因為僧人們不肯交出躲入禪院裡的敗兵，織田信長的部隊包圍了惠林寺。信長的士兵們將快川和尚與其他所有僧侶趕到山門樓上，並且放火，要活活燒死他們。禪僧們平靜地聚集在快川和尚身邊，端正地趺坐在佛像前。快川和尚就像平日那樣講道。他說：「我們現在正被火焰包圍。在這樣的危機下，如何轉動達摩的禪輪？你們每個人各說一句。」於是弟子們各自說了自己的領悟。大家都說完之後，和尚也敘述了自己的意見，然後所有人一起在火中入定。和尚的偈如下：

安禪不必須山水
滅卻心頭火自涼

從某個觀點來說，十六世紀的日本生產了許多人性的良好範本。不論從政治上或社會上來說，當時的國家支離破碎。全日本的封建諸侯都互相爭戰；對庶民來說，只有無盡的苦難而已。但是這武門階級爭奪政治、軍事霸權的無情戰爭，卻以各種方式將精神與道德的力量提升到極致。剛毅的氣質顯現在生活的各層面。我們可以說，構成武士道的種種德性，大部分是在這個時期形成的。信玄與謙信可以說是武門諸侯的典型代表人物。他們都是勇氣的化身，面對死亡毫不畏懼。他們不只擅長戰鬥，更是有智慧、有遠見、賢明的統治者。他們不是粗鄙魯鈍的一介武夫，不但通曉諸藝，更富有宗教心。

有趣的是，信玄與謙信都是虔誠的佛教徒。信玄俗名晴信，謙信俗名輝虎，但世人多半只知道他們的法名。他們年輕的時候都在禪院受教育，中年剃髮，並自稱「入道」。謙信還禁女色、不肉食，如同真正的佛教僧侶一般。

就像大多數有文化教養的日本人，兩人都熱愛大自然，以日語、漢文創作詩歌。謙信在一次出征鄰國時，作了一首著名的漢詩：

霜滿軍營秋氣清
數行過雁月三更
越山併得能州景
遮莫家鄉懷遠征

信玄對自然的熱愛與領會，絲毫不亞於他越後的敵將。有一次他拜訪領地內偏遠的一處不動明王祠，附近禪寺的住持邀請他在歸程時，順道略作停留。一開始信玄婉拒了；他回覆住持，必須趕回去準備二、三日後的戰事，這一次或許無暇拜訪。最後他不忘加上一句：自戰場回來後，一定擇日到貴寺叨擾。這位和尚——他是後來被織田信長軍隊焚殺的眾僧之一——沒有就此放棄：

「櫻花即將綻放。為了讓您欣賞優美的春色，拙僧已佈置了舒適的座椅。請務必前來賞花。」

信玄服從了。

「在櫻花前別過頭去，絕非好事。辜負和尚的好意，也萬萬不該。」他回覆。信玄充分享受了美麗的花朵，以及與和尚超脫塵世的談話，寫下了這首和歌：

若非吾友力邀　　絕美的櫻花只是我的懊悔
也許來春　　白雪覆蓋的禪寺

即使在熾烈的戰事之中，信玄與謙信都能超越利害，享受大自然。這樣的態度，我們稱之為「風流」。在日本，缺乏這種「風流」情感的人，被視為最沒有教養的一群。這種情感不只具有審美的價值，更具有宗教的意義。在通曉諸藝、素有教養的日本人之間，流傳著一種在臨終之際寫下「辭世詩」的風氣，說不定就源自同樣的態度。日本人從小就接受教導與訓練，即使置身極度激烈緊張的狀況中，也要有能力抽離自己，找到片刻的悠閒與安寧。死亡是生命中最嚴重的事件，能夠奪走我們所有的注意力；但是有教養的日本人認為，他們必須能夠超越死亡，客觀地看待它。留下辭世詩的習慣，在封建時代的教養階級中，也並非完全普遍；那恐怕是由鎌倉時代的禪僧與弟子們所開始的風氣。佛陀即將圓寂的時候，將弟子們集合到身旁，送給他們臨別的勸勉與教導。中國的佛教徒——特別是禪宗僧侶——效法佛陀，但是他們用表達自己的人生觀，取代了對弟子們的臨別訓示。

武田信玄臨終時所留下的偈，引用自禪的文獻：

大底還他肌骨好
不塗紅粉自風流

這首偈所說的，是「實在」（Reality）的絕對完全性。我們所有人都來自「實在」，將回歸「實在」，且常住於「實在」。多樣的世界去了又來；但世界背後的東西，始終保持永恆完全的美。

上杉謙信則自己創作了一首漢詩、一首和歌，作為他的「辭世詩歌」：

一期榮花一盃酒
四十九年一睡夢
生不知死亦不知
歲月只是如夢中

極樂與地獄
皆拋於身後
心如清晨月
不惹一絲雲

——《謙信家記》

接下來要說的，是《太平記》（十四世紀末編纂成書）中所記載的鎌倉武士之死。這些故事，以及前述惠林寺禪僧的故事，能讓我們清楚看到他們對死亡的態度。

北条高時（北条家族之最後一人）的家臣中，有一位階級不高的鎌倉武士，名叫塩飽新左近入道。當他決定跟隨主君殉身的時候，把兒子三郎左衛門忠頼叫來，對他說：「四周敵人團團包圍，鎌倉氣數已盡。我將謹守忠義，隨主君而去。然你年紀尚輕，既未奉公，亦未如我親蒙主公御恩。且隱身避難，出家遁世，一生安心事佛，為塩飽一家祈福。快快去也。」

但三郎左衛門無意聽從父親理性的分析。他說：「我雖未奉公，亦未親蒙主公御恩，但身為入道之子，性命本主公所賜。若忠頼幼年即入佛門，或可棄恩無為。然既生於武士之家，豈可捨父棄君而苟活？又如何再入佛門？奇恥大辱莫甚於此。若父親與主君同行，我將為父親指引黃泉之路。」最後一句話還沒說完，三郎就抽出藏在袖裡的刀，刺進自己的肚子死去。他的弟弟塩飽四郎看到這個光景，立刻就要追隨哥哥切腹。但父親入道阻止了他，並且說：「不要急！事有先後，讓我先走，你隨後再來。」塩飽四郎收刀入鞘，坐在父親跟前，靜待指示。入道欣慰，微微一笑，從容不迫在門廊上結跏趺坐，令兒子取來硯紙，親自沾墨染筆，寫下辭世之頌：

提持吹毛　截斷虛空
大火聚裏　一道清風

接著他兩手交叉，伸長了頸子，令兒子動手。四郎盡全力砍下了父親的頭，再重新握好劍柄，刺入自己的腹部，直至劍鍔，俯身死去。（《太平記》第十卷）

北条氏滅亡之時，還有一位名叫長崎次郎高重的禪武士。他拜訪自己的禪師（也是北条高時的師父），問他：「此時此刻，勇士當如何？」禪師不假思索地回答：「不如急舞吹毛（劍）直前！」武士立刻明白了禪師的意思。他勇敢地戰鬥，直到氣力使盡，倒臥在主君北条高時面前。

這種精神，其實是禪在武士修禪者之間培養出來的。禪不一定要跟他們長篇大論靈魂不滅、神道的正義，或是倫理的行為。禪只是告訴他們，一旦找到自己的結論，不論是理性的、還是非理性的，就筆直前進。把哲學安全地留給那些嗜好思辨的心智，禪要求的是行動。而最有效的行動，就是一旦心意已決，就勇往直前，莫再回頭。

「潔く死ぬ」，是日本人心中最親近的思想之一。人有各種死法，但日本人有一個傾向——如果能夠「潔く死ぬ」，罪人所犯的罪過，也會被寬大看待。「潔く」有多重的含義：「不留遺憾」、「秉持清明的良心」、「像個勇士」、「果決不猶豫」、「清醒平靜」等等。面對死亡的時候，日本人厭惡優柔不斷、拖拖拉拉的態度，他們喜歡像櫻花一樣隨風散去。毫無疑問地，這種態度與禪的教誨是一致的。日本人或許對生命沒有特別的想法，但他們確實擁有死亡的哲學；這使他們有時候顯得魯莽。武士精神深入吸收禪的精神，其哲學更擴及一般民眾。尋常百姓雖然沒有受過武士的訓練，但這種精神深植他們心中，因此他們也隨時準備好，為自己認為值得的事物犧牲生命。日本人在各種理由下的戰爭中，一再地證明了這一點。查爾斯·艾略特爵士在他的《日本佛教》中主張，禪是日本人的性格。我認為他的觀察十分真切。

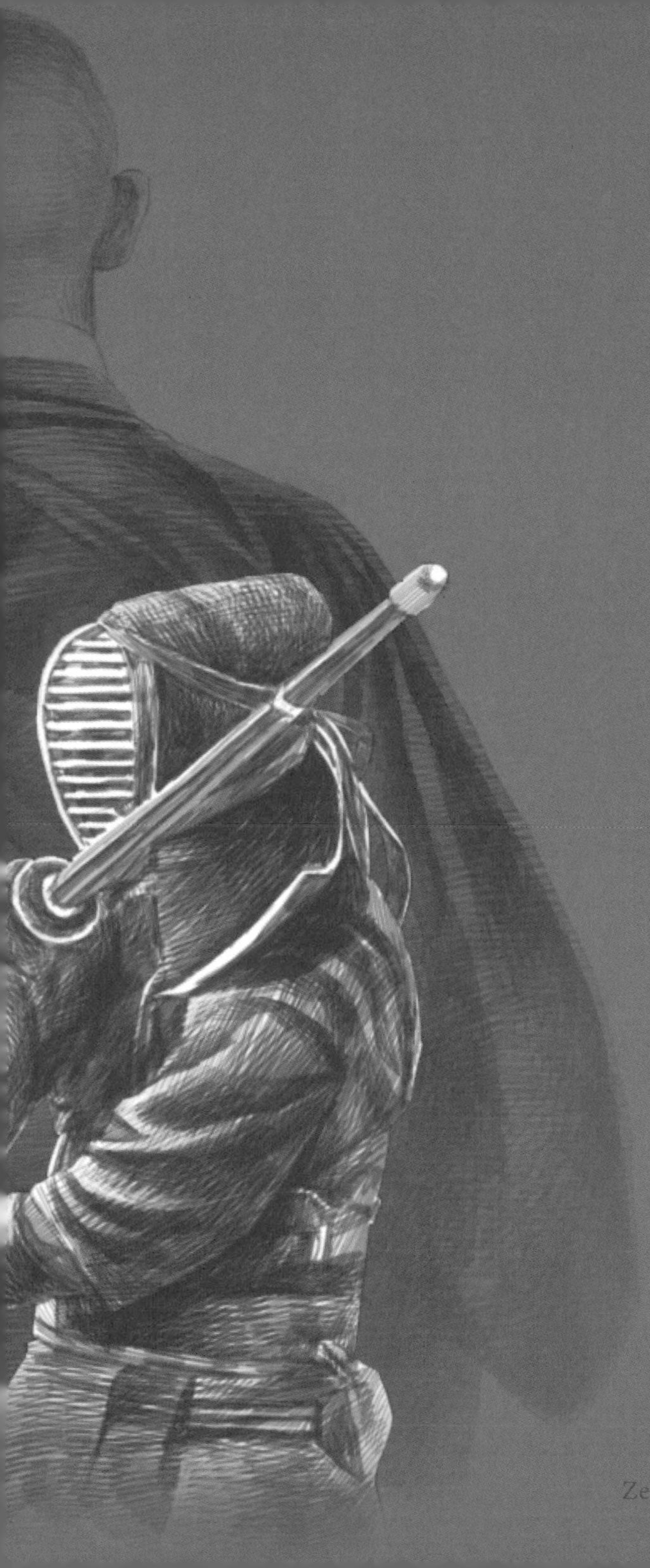

Zen and Japanese Culture

# 第四章 ● 禪與劍道

# 二

「刀是武士的靈魂」。因此，武士不管談論什麼話題，總是會提到「刀」。當一個武士想要忠於自己的職責，他必須克服生死的問題，隨時準備捨棄自己的性命。那意味著將自己暴露在敵人的刀劍之前，或者用自己的劍，指向自己。因此刀是與武士生命結合最緊密的事物，也成為忠誠與自我犧牲的象徵。日本人普遍以各種方式對刀表示敬意，證明了這一點。

於是，刀有雙重的任務：其一是摧毀一切違抗持刀者意志的事物，其二是犧牲所有自我保存的本能衝動。前者與愛國精神或軍國主義有關，後者則具有忠誠與自我犧牲的宗教意涵。以前者來說，通常刀單純意味著破壞，是力量——有時是邪惡的力量——的象徵。這種破壞的力量必須透過刀的第二項功能受到控制，並且找到奉獻之路。具有良心的持刀者，始終惦記著此一真理。如此一來，這個破壞的力量將指向邪惡，以邪惡為目標。於是，消滅阻礙和平、正義、進步、人道的事物，就成了刀的使命。那些能夠為廣大世界帶來安寧的事物，刀是它們的盟友。如今刀不再是死亡的象徵，而是生命的體現。

禪裡面，有活人劍和殺人刀的說法。禪師的工作，就是知道什麼時候、以哪種方式使用何者。文殊菩薩右手持劍，左手握經書。這使我們聯想到先知穆罕默德。但是，文殊菩薩的聖劍不是用來殘殺任何生靈，而是要斬斷我們的貪、瞋、癡三毒。這把劍指向我們自己，因為外在世界是我們內在的反射。當我們斬斷自身的貪瞋癡時，外在世界也將免於此三毒。不動明王也帶著一把劍，他要殲滅一切阻撓佛德普行的敵人。文殊菩薩是正面的，不動明王則是負面的。不動明王的怒火在燒盡敵人的最後陣營之前，不會熄滅。那時候，他會重拾本來面貌，再度成為盧舍那佛——他是盧舍那佛的顯現，同時也是其侍從。盧舍那佛不帶劍；他就是劍。他包容全世界，寂然不動。接下來的問答〈一劍〉，就指出了這樣的意義。楠木正成（一二九四至一三三六）在湊川準備迎戰足利尊氏大軍的時候，問兵庫（地名）禪院的和尚：

「臨生死歧路，該當如何？」

「兩頭皆截斷，一劍倚寒天」（斬斷你的二元論，將劍靜靜地指向天際即可）

這絕對的「一劍」既不是生之劍，亦非死之劍。它是這個二元世界的出處，生死一切存在的根源。它就是盧舍那佛本身。握住這把劍，你就知道面對生死歧路的時候，該怎麼做。

這時候，劍再現了宗教性直觀的力量與直接。宗教性直觀與智力不同；它不會分裂自己，擋住自己的路。它筆直前進，既不回頭，亦不左顧右盼。就像莊子〈庖丁解牛〉裡的刀；關節想要被切開，等著刀的到來。莊子這麼說：「彼節者有閒……是以十九年而刀刃若新發於硎」（關節本身即是分開的……所以即使用了十九年，這刀還是像剛磨好的一樣）。「真實的一劍」不管切開多少自私心，也不會有任何磨損。

劍和神道也有所關聯，但是並未達到佛教那般高度發展的精神意義。它仍然暴露出其自然主義式的根源。神道的劍不是一種象徵，而是具有某種精神力量的物體。日本封建時代中，武士階級對於劍還抱有這樣的觀念；雖然我們很難精準地指出他們心裡究竟是怎麼想的。不過至少可以確定的是，他們對劍懷抱最高的敬意。武士死的時候，床上放著他的劍；嬰兒誕生的時候，房間裡也會有劍。那是為了防止惡魔入侵，以保護即將逝去的、或是正要到來的靈魂。這裡還殘留著泛靈論的（animisitic）想法。「神劍」的觀念，也可以這樣解釋。

刀匠打造刀劍的時候，會祈求守護神幫助，這一點也值得注意。為了祈求神的降臨，刀匠在工作場所的四周圍上注連繩，阻擋惡魔的侵犯，親自舉行驅魔的儀式，並穿著祭祀用的禮服工作。當刀匠與助手搥打鐵棒，在水火之間淬煉它的時候，處於最集中專注的心理狀態。因為相信工作受到神的幫助，他們得以將自己的智力、體力、精神力發揮到極致。以這個方式打造而成的刀，是真正的藝術品，能夠反映出作者的精神。或許就因為如此，日本刀具有某種吸引人們靈魂的力量。在某些人眼裡，刀不是破壞的武器，而是靈感的對象。刀匠正宗的傳奇故事，就是這麼來的。

正宗活躍在鎌倉時代後半。他的作品品質極高，受到刀劍鑑賞家一致的讚賞。純粹以鋒利的程度來說，正宗或許不及他的一位弟子村正，但是人們認為正宗的刀有某種特質，能夠給予人精神上的啟示與激勵；這樣的特質就來自正宗本身的人格。傳說，有一個人想要測試村正的刀如何鋒利。他把刀插在河裡，守在一旁，看看從上游飄下來的枯葉碰到刀的時候，會發生什麼事。結果，每一片碰到村正的刀的葉子，都被切成兩半。跟著，他把正宗的刀插在同樣的地方，結果使他大吃一驚。所有的葉子流經正宗的刀時，都避開它而去。正宗的刀不是為殺戮打造的，它不只是切割用的工具。但村正的刀無法超越其本身的工具性；它裡面沒有任何足以激發人神聖情感的東西。村正的刀是可怕的，正宗的刀則充滿人情。村正的刀是專制的，正宗的刀則超越人性——如果我們可以用這種表達方式的話。刀匠習慣在刀柄上刻上自己的名字，但正宗幾乎從未這麼做。

能樂中有一首曲目叫〈小鍛冶〉，讓我們體會到在日本人之間，刀所具有的道德與宗教的意義。這首謠曲可能創作於足利時代。有一次，一条天皇（九八六至一〇一一在位）向當時名匠之一的小鍛冶宗近，訂製一把刀。宗近雖然倍感光榮，但除非他能找到一位技藝相彷彿的助手，否則無法完成這個任務。他向自己的守護神稻荷神祈禱，祈求稻荷神賜給他一位足以勝任此一工作的人。宗近遵循傳統的儀式，設置了祭壇。在淨化驅邪（祓）的儀式之後，他獻上禱文：「接下來我要做的工作，不是為了榮耀我自己，而是為統治全世界的帝王服務。謹向恆河沙數一切眾神祈禱。我將竭盡全力，製作一把足以匹配尊貴庇護者德性的劍，但願眾神降臨，襄助這卑賤的宗近一臂之力。仰天伏地、敬獻此幣帛，以象徵我成功完成此一工作的熱願。乞請垂憐。」這時候不知從何處，響起了一個聲音：「祈禱吧！祈禱吧！宗近。騰空你的心，竭盡你的誠意祈禱。打鐵的時機已來臨。相信眾神，你的工作將會成就。」一個神秘的身影出現在宗近眼前，幫助他一起打造這把刀。刀如期完成，無比完美，並散發著祥瑞之氣。天皇對於這把神聖的寶物，也感到非常滿意。

既然神性神德有幾分進入了刀劍的製作中，刀劍的所有者與使用者，當然必須回應這樣的靈性。他必須是個重視精神的人，不應該是殘忍的媒介者。他的心，必須與鋼鐵冰冷表面下的靈魂，協調一致。偉大的劍士，總不忘時時在弟子的心裡灌注這樣的情感，從不倦怠。當日本人說，劍是武士的靈魂，我們不能忘記上述的一切。那就是，忠誠，自我犧牲，崇敬，慈悲，以及宗教情感的涵養。這才是真正的武士。

## 二

武士的長刀，是為了攻擊與防禦；短刀，則是為了在必要的時候，自我了結。在武士能夠正式佩戴長短兩把刀之前，當然必須潛心磨練他的劍術。這兩把刀比任何事物更象徵他的尊嚴與名譽，絕對不能離身。劍術的訓練除了實用的目的，更引導他道德與精神上的涵養。劍士與禪，就是在這裡攜手。雖然我已經某種程度說明了這個事實，但還是希望透過幾段引文，來闡釋禪與劍的親密關係。

接下來我們要看到的是，澤庵和尚寫給柳生但馬守，談論禪與劍道關係的信，標題是〈不動智神妙錄〉。它的篇幅長大，無法完整引用，因此我將它摘要濃縮。不過，我相信所有重要的觀念都保留在這裡。

從各方面來說，這封信都是一件重要的文獻；它不僅談論禪的根本要義，更觸及所有技能藝術共通的秘訣。在日本——相信在其他國家也是如此——，光是技術上的知識並不能使一個人真正精通一項技藝，他還必須深入該技藝的精神。只有當他的心，和生命本身的原則完全共鳴，也就是達到「無心」的神秘狀態，才能掌握這個精神。在佛教的語義中，那是超越生與死的二元論。如果能夠達到這個狀態，所有的藝術都將成為禪。在寫給這位偉大劍術大師的信裡，澤庵極力強調「無心」的重要。某方面來說，「無心」可以視為等同「無意識」的概念。從心理學的角度來看，那是絕對的被動；心毫無保留地將自己交給另一種「力量」。我們可以說，人成為一種機械裝置——以「意識」層面來說。但澤庵也解釋，我們不能將這種狀態，和石頭木塊的無感覺、被動混為一談。「保持無意識的清醒意識」——除了這種弔詭的說法，我找不到其他方式來描述這種心智狀態。

以下我將概述澤庵《不動智神妙錄》的大意。佛教將精神的發展，分為五十二個階段；其中的一個階段稱為「止」。進入這個階段時，人固定在一個點上，無法自由行動。劍道中也有相當於此的狀態。這個狀態澤庵稱之為「無明住地煩惱」。

## 無明住地煩惱

所謂「無明」正如字面所示，就是「迷」的意思。而在五十二階段中，「心」停留在「物」之上的狀態，稱為「住地」。以兵法來說，當對手的長刀向你攻來，如果你的心停留在他的刀上，你將無法自由行動，只能任對手宰割。這就是「止」。相反地，就算你看著攻過來的刀，心也不要停在上面。不要設計回應的招式，不要思考分析。看到對手的刀舉起，讓心保持完全自由，跟著它的節奏，感覺它的空隙，讓對手的刀轉向他自己。這就是禪宗所說的「還把槍頭倒刺人」。如果你的注意力被任何事物俘虜，不管是對方的攻擊、你回應的招式、攻擊的人、武器、動作，就算只有一瞬間，你將提供對手攻擊的機會。不要在意敵人，也不要思考你自己。繃緊神經、保持高度警戒——那是初學者該做的事。那會使刀奪走你的心。不論注意力被任何事物俘虜，都會妨害你自在地運用技能。佛法應該避免「止」，你的劍術也是如此。

## 諸佛不動智

每個人的內在，都有「不動智」。這需要練習。「不動」的意思，不是像石頭木塊那樣靜止。「不動智」是世界上最變動不居的東西，它隨時可以轉換到任何方向，而沒有「止」處。不動明王——「不動智」之神——右手持劍，左手握繩，緊咬牙，張怒目，要降伏一切妨礙佛法的惡魔。他不是任何國度的現實居民，而是不動智的象徵。兇惡的外形，是為了守護佛法。凡夫感到恐懼，但近道之人曉得其相貌的意義，努力掃除自己的無知與迷妄，以期在自己身上感到他的存在。不動明王代表永遠平靜而靈動的心，也就是不動智。「不動」表示心意不亂，不讓注意力「止」於一處，因為現象是不斷快速變動接續的。當對象出現在面前，自然地感知它，但不要「止」於它，否則各種分別將蜂擁而至，在你心中爭鬥不休。如果你用力想要平息它們，你的心將會陷入困惑。

舉例來說，十個劍客將你團團圍住，輪番攻過來。你撥開其中一劍，迅速移向下一個敵人，不「止」於任何一個特定的對手。於是你可以在同樣的基礎上迎戰他們。相反地，如果你的注意力鎖定在某個特定的對手，拒絕移動，那你的性命就只能仰賴敵人的慈悲了。你的心智必須完全自由，不被特定對象綑綁，才能保持它自然的靈動。

觀音有一千隻手。如果他的心「止」於一處，比方持弓的那隻手，那麼其餘的九百九十九隻手，將一無是處。但觀音心無所「止」。事實上，觀音不需要那麼多手；他的形體是為了告訴我們，如果你可以喚醒體內的不動智，即使身上有一千隻手，也可以運用自如。

想像一棵枝葉茂密的樹。如果我們專注於其中一片葉子，就看不到其他。讓我們站在樹前，不要有任何先入為主的觀念，不要鎖定我們的注意力，於是我們能感知所有的枝葉。所以，不要「止」於從廣袤存在切割出來的任何一點。不了解這個真理的人，因為觀音有千手千眼而崇拜他。而為了自己儘少的知識就洋洋得意的人，宣稱觀音只是虛構，實際上不存在。但智者的理解，遠超過盲目的信徒與破除偶像者——某些方面來說，盲目的信徒還比破除偶像者好一些。重要的是，我們必須了解隱藏在這些觀念背後的真理。當這些觀念被分析到最後，我們將看到，它們都來自同一個終極經驗。

當你喚醒了你的不動智，某種意義來說，你將會回到你的出發點。開悟最終就像無智，你將重新拾回本來的天真。以劍術來說，初學者一無所知。他不知道如何握劍，不知道如何防禦。因此，他的心沒有養成「止」的態度。當對手攻擊，他只是單純地擋開或躲避。可是一旦接受了劍術的教導，知道了許多事情，他將失去原有的自信。他的心開始「停留」在不同的地方，他開始不安。一直要到經過多年的修練，當他終於精通這項技藝，不再擔心特定、個別的事物，一切顯得自然，他才又回到最初的自己。這就像數數。當你數到十，就會又回到一，重新算起。在這個地方，一和十比鄰而居。[1]

佛教徒的修行也是如此。當你達到修行的最高境界，就會變得像個對佛陀、對佛法都一無所知的天真孩童。你將免於自欺，免於偽善。這時候你可以說，不動智結果就是無智——它們是一件事，而不是兩件。你不再為「分別智」所擾。「分別智」使人在面對選擇時躊躇不前，阻礙我們熟練掌握「無念無想」

1．原註：這使我想起蜈蚣的故事。有人問蜈蚣，他是如何讓這麼多隻腳，同時協調移動？蜈蚣聽了以後立刻「止」步，開始思考這個問題。但這個「止」和思考，在蜈蚣的腳之間引起了大混亂。每一隻腳分別、擅自動了起來，蜈蚣因而丟掉了性命。莊子所說的「渾沌」的故事也跟這個有關，相當有趣。

的心境。無智之人尚未喚醒他們的智能，所以保持樸素的心。智者已經竭盡智力的極限，因此他們不依賴智力。他們是和睦的鄰居。只有那些「一知半解」的人，滿腦子都是分別。

修行有兩種。其一是關於終極理性（Ultimate Reason），其二是有關技術（**technique**）。澤庵稱之為「理之修行」與「事之修行」。前者是為了達到事物的終極理性。當你達到終極理性——如前所述——不再有預定的規則來規範你的行為，只有「唯一心」兀自前行。但是熟練掌握技術的細節也是必要的。以劍道來說，你必須知道如何握劍，如何刺擊，實際對戰的時候應該奪取什麼位置，等等。兩種形式的修行，就像車的兩個輪子。

我們常用一句話，叫「**間不容髮**」，指的是反應的即時性。舉例來說，當我們拍手的時候，兩個手掌的撞擊所發出的聲響，沒有任何延遲；兩個事件之間，沒有任何容得下一根頭髮的間隙。當手掌拍在一起，聲音並沒有思考自己要不要發出來；它立刻跟進。當對手的劍向你砍過來時，如果你的心「止」於其上，將產生一個時間上的空隙，立刻成為敵人的機會。但是，當對手的攻擊和你的反擊「間不容髮」，他的劍將成為你的劍。「止」所造成的間隙，禪稱之為「煩惱」。你必須讓你的心隨時流動，像湍流上的一顆浮球。

這種即時的反應，也稱為「**石火之機**」。火石的相擊，與火花的發生，幾乎是同時的，之間沒有任何延滯。迅速敏捷的反應，沒有特別的方法。只有一個忠告：「心無所止」。如果你只是為了變快而想要變快，你的心將「止」於這個想法，你將不再是自己的主人。

西行問江口的賣春女，請求她賜予一宿。賣春女詠歌以答：

「我聞君乃遁世人
唯願君心無所止」

這首歌的重點，就在「心無所止」。

僧問：「如何是佛？」師父飽以老拳。僧問：「如何是佛法究竟？」很可能他的問話還沒說完，師父就已經回答了：「梅花一枝」或是「庭前柏樹」。重點是，答者的心毫無所止，立即反應。它沒有停下來思索修辭。「無所止」的心是「不動」的，因為它永遠不會被相對性的事物動搖。它是事物的「內容」，它是神，是佛陀，禪的「本質」，「終極的秘密」。如果你的回答來自深思熟慮，那麼不管它是如何的金言妙句，都屬於「煩惱」的範疇。所謂石火之機，就像閃電般快速。

舉例來說，有人向你搭話，你立刻回答「是」——那就是不動智。如果聽到來人的話，你開始思索，他要做什麼？有什麼用意？那就是心有所「止」——換句話說，混亂與無智（澤庵所說的「住地煩惱」）——顯示你是個普通的聰明人。即刻的回應是「佛智」，是神、人、智、愚、一切萬物所共有的智慧。當你聽從「佛智」的指示行動，你就是佛陀，你就是神。不論神道、詩學、儒教的教義看起來如何不同，它們最終都指向同一件事：「唯一心」的實現。唯一心、佛智、不動智，這些都是同一件事物的名字。語言文字不足以解釋「心」；當我們試著以語言文字說明，「心」就被分割，而生出「我」與「非我」。因為這樣的二元性，我們有了各種善與惡的行為，成為「業」的玩具。「業」由「心」一生。我們最重要的，就是要對「心」本身有徹底的洞見。很少人具有這樣的內省力；大多數的我們，對「心」的作用極為無知。

但是，只有洞見是不夠的。我們必須讓這樣的洞見，在我們的實際生活中發揮功能。當我們真的口渴的時候，一直談論水有什麼用？我們可以對火議論紛紛，但不論我們講得如何頭頭是道，也永遠不會感到溫暖。佛教與儒教都為我們明白指出「心」是什麼，但除非讓它在我們日常生活中發光，否則就不算真的了解其真理。最主要的是時時想到它，在你身上實踐它。

**心該放在哪裡**？如果放在敵人的身體動作上，它就被那些動作奪走；如果放在敵人的劍上，它就卡在敵人的劍上；如果心想著打倒敵人，它就被打倒敵人的念頭佔據；如果心放在我的劍上，它就被我的劍擄獲；如果心想著不要被敵人殺死，那它就被這個想法癱瘓；如果放在敵人的架勢上，它就被敵人的架勢俘虜。心該放在哪裡？

若有人問：我把心放在這些地方，它將會被佔據，敵人將趁機擊敗我。那如果我把心放在臍下丹田處，隨敵人的行動流轉呢？我會說，那很好。但是以佛法的觀點來看，那仍然是較低的層次，仍然是修業學習的階段。那是儒教之「敬」的階段，孟子所云「求其放心」的階段。那還不是高點。因為，如果你想要將心放在丹田，它仍然會被這個想法囚禁。你的行動無法自由。

問：如果心不能放在丹田，那應該放在哪裡？

答：如果把心放在你的右手，它將停留在你的右手，阻礙身體其他部分的動作。如果把心放在你的眼睛，它將固定在你的眼睛，干擾身體整體的行動。

不管你把心放在身體的任何其他地方，都是一樣。你不能把心固定在單一的點上，因為那一定會對其他的點造成妨礙。那麼，心要放在哪裡，才能讓身心的能力都發揮到極致？我的回答是，不要把心放在任何地方，完全不要有這種想法。這樣一來，心將充滿你的全身。該用手的時候，它就會進入手；該動腳的時候，它就會到腳那裏；眼睛必須看的時候，它們會立刻聽從心的指令。不要思索，也不要分別，讓你的心遍佈全身，不要停留在任何一處，於是每一個部分，都將自在無礙。

所以，心不應該停留在身體的任何一部分。它必須充滿身體的所有部分，於是身體將隨心而動。考慮要做某件特定的事，心就偏向那一方，其他的方面將受到忽略。不要耽於思索，不要有分別心，於是心無所不在，所到之處都能發揮全力，完成當下的任務。不論面對什麼事情，都應該避免片面偏頗。一旦心被身體某處俘虜，當你有其他需要的時候，就必須將心抽離原來的地方，重新啟動它的功能。這樣的轉換，不是件容易的事；心一旦停下來，通常就想留在原地。就算能夠轉換，也需要時間。要叫心處理十件事情，就不能讓它停留在其中任何一件，否則它只會忽略其他九件事。但是，這需要非常多的練習。

## 本心與妄心

本心（原來的心）與妄心（表面的心），必須明確分辨。本心充滿全身。但是當本心停留、固定在一個點，它就失去流動性，而成為妄心。這時候因為本心已經不在，身體將遭遇許多窒礙。本心如水，永遠流動；但妄心像冰，甚至不能用來淨手洗臉。它要有任何用處，必須先融化，才能流布全身的各個部位。

## 有心之心、無心之心

有心之心，和妄心是一樣的。有心的意思就如字面所示，片面地附著於某事物。當心有所思、起分別，就稱為有心之心。而無心之心，與本心是同一件事。無心之心沒有執著分別，延展到全身全體。無心不是木石，不是「沒有心」，而是無所停留。一旦停留則心有罣礙，沒有停留則心無一物。心裡沒有任何東西，就叫無心，又稱為無心無念。無心就像注滿池塘的水，隨時可以流向需要的地方；又像鬆緊合宜的輪子，可以轉動自在。心有所思，你將視而不見，聽而不聞。心中空無一物，才能應所需而轉。然而，若你惦記著除去心中之物，這樣的惦記又將成為你心中的罣礙。無心之困難就在這裡。不要思索，讓罣礙自行離去。待修行成熟，無心將自然來到你身上。有所期待，將無法成就。有一首古詩這麼說：「想要什麼都不想，也是想。我多麼希望免於『想』與『不想』！」

## 水上打葫蘆

試著用手，去打壓浮在水上的葫蘆。每一次你碰它，它就上下跳動，左右滑開。我們無法讓水上的葫蘆固定於一處。自由的心，就像水上的葫蘆。

## 應無所住、而生其心

這句話來自《般若經》。它的意思是，保持你的心不受任何事物阻礙。當「心」意圖做某件事，它就「止」於該處，無法繼續前行。所有的執著，都來自這種「止」，輪迴也是。就是「有所止」的心，造成了誕生與死亡。但是，掌握到任何一種技藝秘訣的人，是不同的。他們的行為舉止或許像其他所有人一樣，但他們的心從不「止」於任何事物，始終保持本有的流動。他們看到花，欣賞花的美，但不會「止」於斯。花因其本性而綻放，是「無心」的。但看花的人執著於斯，而染其心。儒教以「敬」作為修道之方法，而它的達成，則是佛教的「無心」。「敬」使心不致鬆懈混亂。當我們在歷經多年修練，終於達成「敬」的時候，加諸於心的種種檢視將自然脫落。我們將可以隨心所致，實現覺醒而無所止的心。當我們還必須時時刻刻監視著「心」，就像用一條繩子繫住剛領養的貓，「心」不會有自由。不自由的心，無法發揮它全部的能力。我們最終的目標，是讓貓在屋裡屋外自由漫步，而不造成任何破壞，甚至不會去侵擾同住一個屋簷下的雀鳥。

以劍術的修行來說，最高的境界，是不再為使劍的技法煩心。忘卻一切使劍的技法，而能夠以劍取敵。人空我亦空，技空刀亦空——但是，「心」不為「空」所佔據。

圓覺寺的佛光國師（無學禪師）還在中國的時候，入侵的元兵威脅他的性命。佛光當場吟了一句偈語：「電光影裏斬春風」。對他來說，元兵高舉的劍不過是一道閃電的光，即將到來的屠殺，不過是一縷春風拂面。劍是空，持劍的人是空，即將被斬的「自我」是空——在這場「空」的遊戲中，一切心無所止。電閃，風吹，劍落，人倒，而「空」一如既往。

舞蹈也是如此。手取扇，足踏步，如此而已。然而，當你開始思索如何有效地運用手足，你的心將被俘虜，你的舞將失去一切魅力。如果你的心不能盡捨，一切所作都是枉然。

澤庵和尚的書翰未盡於此，但接下去的部分多半涉及專門技術，在這裡且省略不談。不過我將述說一個故事，以說明「無心之心」，補充澤庵未竟之意。

一名樵夫在深山中，孜孜矻矻地砍樹。突然出現了一隻名叫「悟」的動物，樣貌怪異，是平常看不到的珍奇生物。樵夫想要活捉它。這動物看出了樵夫的心，說：「你想要活捉我吧？」樵夫大吃一驚，說不出話來。這動物又說了：「看吧，你被我的讀心術嚇了一跳。」樵夫更是驚訝，心想，乾脆一斧頭砍倒它。「悟」大喊：「呀！現在你想要殺我！」樵夫陷入一片混亂，了解到自己拿這隻神秘的動物一點辦法也沒有，於是想要回去繼續砍他的樹。但「悟」沒有饒過他，說：「看吧，你終於放棄我了。」

樵夫不知道該怎麼辦才好——不論是對這隻動物，或是對他自己。他對整個事態感到絕望，於是舉起斧頭，刻意不去注意「悟」的存在，鼓起勇氣，開始一心一意地砍起樹來。就在這個時候，斧身偶然地和斧柄鬆脫開來，飛了出去，並且打死了那隻動物。不論它如何具有讀心的聰智，也讀不了「無心」之心。

劍道修行的最後階段，有一種重要的秘訣，只傳授給具有充分資格，即將學成出師的人。只有技術的訓練是不夠的；再熟練的技術也脫離不了學徒的階段。在獨當一面的劍士之間，這種秘訣稱為「水月」。江戶時代的武士作家佚斎樗山，以下述的方式說明「水月」。你會發現，其實它不過就是禪所教導的「無心」。

「水中之月是什麼意思？」

「劍道諸流派，各自有不同的解釋。要點是，領會月亮映照在水面上的方式。不論什麼地方，只要有水，月亮都會在『無心』的狀態下，映照出自己。有一首在嵯峨的廣澤池畔寫下的詩這麼說：

月亦無心照
水亦無心映

廣澤之池」

我們確實可以從這首詩，體會無心的秘訣。這裡沒有任何人工施加的痕跡，一切交給大自然。

「又好像數百條河流中，映照的只是一個月亮。月光並沒有分成數百個形影，只是有水就有月影而已。在沒有水可以映照它的地方，月光依然如故；不管是有許多水流，或是只有一個小水坑，月光還是不變。從這個類比，可以容易地理解心的神秘。但月光與水是有形之物，心則是無形的，其作用的形跡難以捉摸。象徵不是完全的真理，只是暗示而已。」[2]

## 三

一九三七年二月號的《亞特蘭大月刊》（The Atlantic Monthly）刊載了一篇文章，一位西班牙鬥牛士璜．貝勒蒙堤（Juan Belmonte）敘述自己在鬥牛這門技藝中的經驗。鬥牛顯然與日本的劍術極為相似。貝勒蒙堤是當代最頂尖、最負盛名的鬥牛士，他的故事充滿了啟發性。我將部分引述翻譯者的註記，以及貝勒蒙堤自己的說明。在這場戰鬥中，貝勒蒙堤領悟到澤庵寫給柳生但馬守的信中，所描述的那種心境。這位西班牙鬥牛士若是接受過佛教的訓練，無疑對「不動智」已經有了徹底的洞察。

翻譯者的註記這樣說：

2．原文出自佚齋樗山子。

「鬥牛不是一種體育競賽，也不應該拿它和體育競賽相比較。不論你喜不喜歡，不管你是否贊同，鬥牛是一種藝術，就像繪畫與音樂。你只能用藝術的角度去判斷它。它的情感（emotion）是精神性的。它觸及人心的深處，就像一首偉大指揮家指揮之下的交響曲，對一位知道、理解、熱愛音樂的人，所產生的作用。」

貝勒蒙提描述在鬥牛過程最緊張的時刻中，自己的心理狀態：

「牛一出場，我立刻迎向牠。在第三次的引逗時，我聽到觀眾起立喝采。我做了什麼？突然之間我忘了觀眾，忘了其他的鬥牛士，忘了我自己，也忘了那頭牛——我的對手。就像從前經常在半夜，獨自到牛欄、牧場與牛相鬥那樣，我以無比的精確開始鬥牛，彷彿在黑板上畫圖一般。

他們說，那天下午我的引逗、我揮舞斗篷的技法，宛若鬥牛藝術的天　。我不知道。我沒有能力判斷。我只是照著自己相信的方式戰鬥。除了對自己所作所為的信念，我什麼都沒有想。面對最後一頭牛的時候，生平第一次，我成功地把全身全心，都交付給戰鬥的喜悅，沒有意識到觀眾的存在。從前我在鄉下，自己一個人鬥著牛玩的時候，常常和牠們說話。那天下午，紅斗篷隨著我的身法，不斷在空中劃出一個又一個的漩渦，我和那頭牛持續了漫長的對話。我不知道自己還能做什麼，於是屈膝跪在牠的角下，把臉貼近牠的鼻孔。

『來吧，小牛，』我對牠耳語。『來抓我！』

我再度站起，在牠的鼻子下攤開斗篷，不停喃喃自語，鼓勵牠繼續攻擊。

『在這邊，小牛。好好攻擊我。你不會有事的……就是這樣、就是這樣……看得到我嗎？小牛？……什麼？你累了？……來！來抓我！不要當懦夫！來抓我！』

我展現了理想中的身法。那些動作的每一個細節，我在夢裡看過千百回。我看得如此真切，以至於可以在腦中，以數學的精確，畫出每一個動作的每一根線條。在我的夢中，這些身法總是以災難收場；當我想上前結束牛的生命時，牠總是逮住我的腿。這悲劇性的結果，一定是某種潛意識的訊息，告訴我，我的技術還不足。無論如何，那一天我實現了自己理想中的身法。我踏步向前，置身牛的兩支角之間。群眾的呼喊，聽起來只是遠方的耳語。終於到了最後──完全像我的夢一樣──牛逮到我了。但我如此沉醉，如此忘我，幾乎沒有注意到牠已經撞傷我的腿。我出手，作出決定性的一擊，牛倒在我的腳前。」

我要在這裡補充一點。在與牛進入最後的決鬥之前，貝勒蒙堤的心理狀態極度混亂。競爭心，成功的欲望，自卑感，擔心群眾會嘲笑他。他如此自白：「我被絕望淹沒。我從哪裡來的想法，會以為自己是個鬥牛士？『你在愚弄你自己。』我想著。『只是因為你很僥倖地，有過一兩次成功打敗犢牛的經驗，你就以為自己無所不能。』」

但是，貝勒蒙堤從絕望感中醒了過來。當他看著眼前對峙的牛，突然在內心深處，發現他從未注意到的「某種東西」。

這「某種東西」有時候會出現在他夢裡。也就是說，它沈睡在他的無意識中，從來沒有出現在陽光底下。絕望感將他逼到心理的斷崖絕壁邊緣，終於他心身皆捨，一躍而下。結果就是「我如此沉醉，如此忘我，幾乎沒有注意到牠已經撞傷我的腿」——事實上他不在意的，不只是自己的傷，而是環境的一切。「不動智」是他的領路人，他把自己完全交付給它引導。鎌倉時代著名的佛國國師（一二四一至一三一六），如此歌詠：

弓已折

箭已盡
時已至
即便如此
奮力一射

從無弦的弓，射出無桿的箭，想必能貫穿岩石吧。就像從前遙遠東方歷史上發生過的一樣。

對所有藝術部門來說，就像在禪宗佛教一樣，要達到一切創造性作品的根源，經歷這樣的危機是極為重要的。希望改天我能夠在其他有關禪的著作中，從宗教心理學的觀點，更仔細地探討這個問題。

## 四

神陰流是日本封建時代最出名的劍術流派之一。開始於足利時代，由十六世紀後半、勢力盛極一時的上泉伊勢守所創立。這位創派祖師，宣稱自己劍術的秘訣，是由鹿島的神直接傳授的。自那時以來，神陰流無疑經過許多發展的階段，而所謂的「秘訣」，篇幅也增加了不少。流傳至今日的各種文獻，是上泉伊勢守傳授給他認為值得的、優秀弟子的東西。在這些文獻中，我們可以看到一些以詩的形式寫成的警句，表面上看起來和劍的使用沒有任何關係，充滿了禪的氣味。

舉例來說，這個流派授予修業完畢、具有師範資格者的最終證書，上面除了一個圓圈，沒有其他任何文字。它代表了無垢無塵的明鏡，顯然是象徵佛教大圓鏡智的哲學，也就是前述澤庵的「不動智」。劍士的心，必須完全去除利己的情感與智性的計算，才能讓「本有的直覺」發揮到極致——那就是無心的狀態。光是使劍的技巧，並非使一個人成為劍術巨匠的充分條件。他必須自覺到精神鍛煉的最終階段，也就是由空心圓所象徵的無心境界。

神陰流的劍術秘笈中有一個句子，從字義上來看顯然與劍術無關。這些秘訣全部是經由口傳的，再加上我對劍術是完全的門外漢，因此我無法揣測這個特別的句子，對實際的劍法來說有什麼本質上的意義。但根據我的判斷，這個句子源自禪文學作品；除去禪，它不會有任何意義。這個句子就是「西江之水」。秘笈的註釋者顯然不懂這句話的真正用意，把它解釋成「不辭飲乾大河水的勇猛心」。這真是可笑至極。這個句子真正的來源，是唐代的馬祖（西元七八八年歿）與弟子龐居士之間的問答。

龐居士問：

「不與萬法為伍的人，是什麼樣的人？」

「你一口喝乾西江之水，我就告訴你。」馬祖回答。

據說龐居士因此而開悟。

——《碧巖集》

記住這個問答，我們就可以理解「西江之水」這句話，為什麼會被寫進這本劍術秘笈裡。龐居士的問題非常重要，馬祖的回答也是。在禪的修行中，這個公案經常被引用。封建時代的劍士之中，有許多人為了追求劍道，將一生奉獻給禪的修行，以求達到絕對無心的心境。在其他地方我們也曾說過，面對攸關生死的爭鬥，對死亡的憂慮恐懼是勝利的最大障礙。

秘笈中還有若干以和歌形式寫成的警句，論及劍術的修習，其中有一些明確地反映出禪的精神：

完全免於思想與感情的靈魂
即使老虎
也找不到插入爪子的餘地

一樣的風一樣地吹過
山上的松與山谷裡的橡樹
為什麼發出的音色不同？

有人以為擊就是擊
但擊並非擊
斬亦非斬

無念無想
無可牽掛的大空
然而那兒有些什麼東西在動著
走它該走的路

眼睛看得到
但手抓不住
流水上的月亮——
這就是我派的秘訣

雲與霧——

即使在半空有多少變化
日與月在其上永遠照耀

勝利歸於那些
在戰鬥開始之前
即已住在太源無心之境
無我之人

這些警句，顯然符合宮本武藏所教導的、劍術的終極秘訣——「空」的原理。只有在長年累月的磨練修行之後，才能達到。就是這種對精神修煉的堅持，使得劍道成為創造性的藝術。順帶一提，宮本武藏不僅是「劍聖」，更是位偉大的水墨畫家。

## 五

《劍道與劍道史》的作者高野弘正這樣說：劍道中最重要的事情，除了技術之外，就是能夠自由驅使這些技術的精神要素。那是「無念」或「無想」的心境。它並不是指當你握著刀、站在對手面前的時候，沒有任何思想、觀念、情感。它的意思是，有意識地斬斷思想、反省、迷戀執著，讓天生的能力發揮。這樣的心境又稱為「無我」，沒有利己的想法，不在意自己的所得。西行與芭蕉的藝術中最具支配性的概念「寂」與「撓」，顯然也是來自無我的心境。這可以和水上映照的月影作比較。月亮也好，水也好，事前都沒有製作「水月」現象的想法。水與月，都同樣處於「無心」的狀態。但是，只要有一灘水，月亮就會映照其上。雖然月亮只有一個，但只要是有水的地方，都能映出它的身影。當我們了解到這個道理，技藝就臻於完全。結果，禪與劍道最終的目的，都是超越生死二元。以這一點來說，它們是同一件事。自古以來，劍道的巨匠無不認識這一點，因此偉大的劍士都是禪門弟子，無一例外。柳生但馬守與澤庵，宮本武藏與春山，都是絕佳的例證。

高野弘正還告訴我們很有趣的事情。日本封建時代，劍道與槍術的師範，經常被稱為「和尚」。這個習慣的起源，可以追溯到奈良興福寺一位偉大的僧侶。他屬於興福寺管轄下，一所叫寶藏院的小寺。他是槍術的名家，寶藏院的僧侶們，人人都跟他學習槍術。對弟子們來說，他當然是「和尚」。於是，「和尚」的稱號移轉到所有刀槍兩道的師範身上，不論其人是否佛教徒。

練習劍道的地方，稱為「道場」。「道場」的意思原本是宗教修行的場所，它的梵語 bodhimandala 原意是「開悟之處」。

劍士們繼承自禪僧的，還有一件事。從前，劍士們為了完成自己的技藝，會旅行全國各地，遍嚐種種艱苦，並且在各地高手的指導下，接受各式訓練。這種修行方式的範本，也來自禪僧。禪僧們在達到最後的領悟之前，也會做同樣的事。這樣的修練，禪僧之間稱之為「行腳」，劍士們則稱之為「武者修業」。

我不知道劍士之間的這種習慣，是從什麼時候開始的，但據說神陰流的創立者，足跡踏遍日本全國。在某個機緣下，他遇見了一位行腳中的雲水僧。有一天，上泉伊勢守行經山間的一個小村莊，發現村民驚慌騷動。一個自暴自棄的逃犯綁架了村裡的一個小男孩作為人質，躲在一間廢棄的屋子裡，並且威脅村民，如果他們試圖逮捕或傷害他，他就殺了那個小孩。伊勢守了解了這個嚴重的情況。這時候他看到一個過路的出家人，顯然是個旅行的禪僧，就跟他借來僧袍穿上，再把頭髮剃光，讓自己看起來像個真正的僧人。伊勢守拿著兩個便當，走近那棟屋子，告訴那名逃犯，男童的父母擔心孩子餓死，請他帶點吃的東西過來。說著，他把一個便當丟到男人面前。伊勢守繼續說：「我想你應該也餓了，所以也準備了一個便當給你。」兇漢伸出一隻手來接便當。假扮僧人的劍士沒有錯過這個好時機，立刻抓住男人的手臂，將他摔倒在地上，徹底制服了他。伊勢守將僧袍還給它的主人。那僧人大大地讚揚他：「您是真正領悟『劍刃上一句』之人！」並送給他一件象徵禪僧的掛絡。據說伊勢守非常珍視這個禮物，終其一生不曾離身。這位旅僧，看來有相當高的修為，顯然並非剛入禪門。「劍刃上一句」是禪常用的一句話，用來形容歷經風霜，真正越過生死線的禪僧。伊勢守珍惜這位行腳僧所贈送的掛絡，有他充分的理由。

Zen and Japanese Culture

# 第五章 ● 禪與儒教

有一件看來弔詭，甚至可說是諷刺的事。反對一切學問、「不立文字」的禪，事實上卻是在日本推動儒教研究、促進印刷術發展的主要推手。不僅如此，禪徒印刷的不只是佛教的典籍，還包括了儒教與神道的文獻。一般認為鎌倉與室町時代（一一九二至一三三三至一五七三）是日本歷史上的黑暗時期，但這不是事實。這個時代，禪僧努力不懈地將中國文化引進日本，為日後的「中國化」打下基礎。同時，那些被視為日本文化特徵的事物，也是在這個時期孵化成形的。俳句，能樂，戲劇，造園，花藝，茶道，都是從這個時代開始的。這一章將專門討論禪僧對日本的儒教研究與發展，所帶來的影響。但是在那之前，我們必須先簡單討論一下有關中國宋學的幾件事。

政治上來說，宋（九六〇至一二七八）是個多災多難的時代。「中華」的存在一直受到北方民族的威脅。最後宋政權不得不渡過淮河，遷移到南方；一一二七年，「中原」淪入北方民族的統治之下。不僅如此，即使是南宋，也在一二七八年被蒙古人消滅，元的勢力涵蓋了全中國。但是在思想與一般文化的世界裡，南北宋——特別是南宋——留下了輝煌的紀錄。哲學在南方有了驚人的發展。從漢代以來，中國原有的思想動力一直處於閉鎖的狀態，同時更多少受到強力印度思想之壓抑。但是到了這個時期，儘管在外來政治勢力的壓迫下，中國的思想動力卻一舉爆發開來，有了強烈的自我主張。所有從外國引進的思想潮流，與本地原生的思想，以中國人的心性為基礎，融合並形成足以稱為「中國哲學」的體系。宋學是中國心智的精華。

禪的教義，是激發、並幫助中國人的思想開花結果的主要因素之一。禪始終具有刺激的力量，能夠引起思考；因為它無視於上層結構，直搗事物的根源。當儒教純粹淪為儀式的研究、世俗道德的習慣、文本批評的素材、以及各學派注釋的機會，我們不妨說它已經瀕臨瓦解與死滅的邊緣，不再是創造性思考的泉源。它需要新的力量，才能獲得重生。另一方面，儒教的競爭對手道教，也深深淹沒在世俗與迷信的框架下。道教裡沒有任何智性的活力，可以為儒教注入新血。若非禪在唐代擾動了中國人心理的深處，或許宋代人也不會以嶄新的熱情，去重建、發展他們自己的哲學。幾乎所有的宋代思想家，人生中至少一次，都曾經在禪院閉關參禪。而不管在禪院裡是否有所領悟，離開禪院後，他們都開始重新檢視誕生於中國本土的哲學。宋學是他們精神冒險的產物。雖然他們批判佛教與佛教徒的思考方式，但經由禪這個更易消化的形式，他們充分汲飲印度的泉水。

另一方面，禪僧也是儒教的學徒。身為中國人，他們別無他法。儒教學者與禪師的唯一差異，在於儒教徒以原生的系統為基礎，採用儒教的語彙。兩種心智的不同，僅在於他們各自強調的重點。

禪僧以印度的方式詮釋儒教的經典，也就是說，或多或少是唯心主義式的。很自然地，他們也不反對以儒教的觀點注釋佛典。

當中國禪僧來到日本，他們同時帶來禪與儒。遠渡中國的日本僧人也是如此，他們歸國的行囊中除了禪，還塞滿了儒教與道教的書。在中國的時候，他們在禪儒兼修的老師門下學習，所學習到的儒教，和禪一樣多。宋代，特別是南宋，中國有許多這樣的學人。

關於禪與儒教、禪與道教在中國的相互關係，我不打算進入太多細節。我們只要知道這一點就夠了——禪是中國人回應印度思想（以佛教為代表）的方式。因此，發展於唐代、並且在宋代盛極一時的禪，反映了中國人的心理傾向，也就是極度實際，關心倫理問題。後者（倫理問題）是禪帶有儒教色彩的最大原因。但是在禪宗史的發端時期，它的哲學完全是印度式的——也就是佛教式的——，和傳統儒教的教義完全沒有對應之處。後來的儒者有意識或無意識地，試圖將這些印度的要素併入他們自己的思想體系裡。換句話說，禪從儒教得到其實踐性，而儒教則從禪的教義——雖然從某方面來說，間接地——吸收了印度人抽象思考的習性，最後終於成功地為孔子及其門徒的學說，提供了形上學的基礎。為了這一點，宋學家極力強調《四書》對儒學研究的重要性。他們在《四書》中找到一些言論，經過精煉發展，可以用來建構自己的思想體系。這很自然地為禪與儒教的親善關係，鋪好通道。

於是，禪僧除了是佛教徒以外，自然也成為儒教的宣揚者。嚴格來說，禪沒有自己的哲學。它的教義集中在直觀的經驗，而此一經驗的知性內容可以來自任何思想體系，不一定要是佛教的哲學。

不管因為什麼理由，只要禪師認為方便好用，他們可以將自己的哲學，結構建立在任何學說上，不必然遵循傳統的解釋。禪徒有時候是儒者，有時候是道教徒，有時候甚至是神道家。禪的經驗，也可以用西洋哲學來說明。

十四、十五世紀，京都的五山（五大禪寺）除了發行禪書，更是印製儒教書籍的大本營。這些早期的文獻，包括十三世紀的印刷品，至今仍能取得。它們是遠東地區評價最高的木版印刷之一。

禪僧不僅編修印製儒佛經典，也為大眾教育編印普及版書籍。當時的一般民眾，會聚集在禪寺學習知識文化，禪僧就使用這些普及書籍教導他們。「寺子屋」這個用語就是這麼流行起來的。「寺子屋」制度是封建時代唯一的大眾教育機構，一直到一八六八年維新運動之後，被現代化的教育機關取代為止。

禪僧的活動並不侷限於日本中央地區。地方諸侯領主也招聘禪僧，教育其家臣與部屬。這些禪僧都是儒佛兼修之徒。其中最著名的例子之一，是應聘到薩摩藩執教的禪僧桂庵（一四二七至一五〇八）。他的專長，是根據朱子的注釋來解讀《四書》。不過身為禪僧，他也不忘透過與儒教哲學的關聯，來傳授禪宗的教義。他的學問的主要精神，是心性的研究。他也教授五經之一的《書經》，其內容為中國古代統治者的倫理敕令。桂庵在薩摩留下了長遠的精神影響。他後世的弟子中，島津日新斎（一四九二至一五六八）的名字特別值得一提。日新斎並沒有親自接受過桂庵的教導，但他的母親和幾位老師都和桂庵熟識，家族全體都非常尊崇這位學僧。日新斎本身誕生於島津家的旁支，但他的長子貴久為島津的宗家所收養，後來成為薩摩、大隅、日向等日本西南三國的統治者。經由這個兒子，日新斎的道德影響普遍散佈到貴久所支配的領地。一直到一八六八年的明治維新為止，他一直是領民心中最偉大的人物之一。

以夢窗國師（一二七五至一三五一）、玄慧（一二六九至一三五〇）、虎關師鍊（一二七八至一三四六）、中巖円月（一三〇〇至一三七五）、義堂周信（一三二一至一三八八）為首的五山禪師們，皆以禪宗精神研究儒教的經典。歷代天皇與將軍也紛紛傚法。他們都是熱心的禪徒，同時也參與儒教的課程。花園天皇（一三〇八至一三一七在位）將自己的行宮贈予他的老師關山國師（一二七七至一三六〇）。關山以此行宮（洛西花園）為基地，建立了妙心寺，成為臨濟宗最有力的一派。花園天皇不但熱心研究宋學，更是位虔誠的禪徒；他的全心投入，遠超過業餘的愛好。他留給皇儲的遺誡是一份精彩的文獻，充分顯示出他的智慧。花園天皇著僧衣、端然結跏趺坐的遺像，至今仍保存於妙心寺裡，他在世時經常用來冥想靜坐的房間。花園天皇的「日記」是非常重要的史料。

還有一件事實：十七世紀初、德川幕府時代初期，儒學者曾經像佛教僧侶一樣剃髮。從這一點我們可以很自然地看出，僧侶們——特別是禪僧——仍然持續地研究儒教。甚至後來儒教的研究從禪宗獨立出來，流行於知識份子之間，傳授儒學的老師們仍然保持了原有的習慣。

我想補充與本章有關的一點，就是禪在鎌倉、足利（室町）時代，對於國民精神的形成所扮演的角色。理論上來說，禪與國族主義（Nationalism）沒有任何關係。只要它是一種宗教，它的使命就具有普遍有效性，它的適用範圍絕不限定於某個特定的國家民族。但是從歷史的角度，我們可以看到它受到偶發事件，以及日本這個特定環境的影響。禪最初引進日本的時候，和深受儒教與愛國精神影響的人有密切的關係，因此很自然地沾染了這些色彩。也就是說，日本人並沒有將禪和外在所有事件分開，以其純粹的形式去接受禪。不僅如此，一開始日本的參禪者本身，就願意接受任何夾帶在禪上面的事物。後來這些附著在禪之上的思想脫離了禪的本體，甚至從原來的緊密聯結，變成敵對的關係。描述日本思想史的這個過程，超出了本書的範圍；但是在這裡我想指出的是，這個變化的根源，可以追溯到中國的思想運動。

我在其他地方也曾指出，中國的知性發展，在南宋盛極一時的朱子（一一三〇至一二〇〇）哲學達到頂點。朱子試圖依循中國人的心理傾向，將中國思想系統化；以這一點來說，他或許是最偉大的中國哲學家。雖然在他之前的中國人，不乏比他更傑出的哲學家，但是他們的思想追隨印度的思考方式，多少和中國本土的傾向有些不同。也因此，這些哲學家對中國人的影響，不如南宋哲學直接。然而，如果不是這些身為佛教徒的思想先驅，南宋的哲學不可能存在，這也是不爭的事實。我們必須觀察所謂的「理學」，是如何在宋代發展起來的，因為這有助於我們了解禪對日本人思想與感情，所造成的特別影響。

中國思想有兩道源流：儒教與純粹道教（沒有和通俗信仰與迷信結合的道教）。儒教代表了中國人心性中實際與積極主義的一面，道教則代表了神秘與思索的傾向。當佛教在東漢初年（西元六四年）引進中國，人們發現它與老莊的思想有相通之處。一開始，佛教在中國思想界並不是非常活躍；佛教徒主要的活動在於將佛教經典翻譯成中文，人們並不知道如何將它融入中國的思想與信仰體系。但是在翻譯的過程中他們開始明瞭，佛教哲學中有某些深刻而具啟發性的東西。西元二世紀，當般若波羅蜜經被翻譯成中文，受到感動的思想家們開始認真研究。雖然他們無法明確地掌握「空」的觀念，但他們知道那和老子「無」的觀念多少有些接近。

六朝時代（三八六至五八七）道教的研究極度興隆，人們甚至以道教的觀點詮釋儒教的經典。就在這時候，鳩摩羅什從西域來到中國（四〇一年），並且翻譯了數本大乘佛教的經典。他不只是出色的翻譯者，也是位偉大而具獨創性的思想家，散發許多光芒，照亮了人們對大乘佛教的理解。而他的弟子們則孜孜不倦地，以最適合中國人心性的方式，努力發展鳩摩羅什的思想。

在這樣的背景下，釋吉藏（嘉祥大師，五四九至六二三）在中國樹立了三論宗。吉藏的哲學以龍樹的教義為基礎。那是在這片孔子與老子的土地上，首次興起的、優秀的思想體系。然而我們可以說，這個宗派的創立者仍然在印度思想的影響之下。他的思考方式就像印度人，並沒有中國的影子。他當然是中國佛教徒，卻是一位佛教學者。這意思是說，他從佛教徒的角度思考，而不是中國人的立場。

繼承三論宗的，是隋唐兩朝的天台宗、華嚴宗與唯識宗。天台宗以法華經、華嚴宗以華嚴經為基礎，唯識宗則是建立在無著 與天親 的唯心主義式論述之上。華嚴哲學是中國佛教思想的巔峰。它顯示出中國的佛教精神，在宗教思想方面所達到的高度。它是東方人所發展出的、最出色的思想系統。華嚴經——

包含十地品與入法界品在內——無疑是印度人創造性想像力的最高峰。它對於中國人的思想與情感來說，顯然是非常陌生的。中國的佛教徒能夠有系統地消化、吸收如此完全不同的想像力，實在是智性上了不起的成就。在歷經數個世紀的佛教教育與省思之後，華嚴宗的哲學顯示出中國人宗教意識的深度。華嚴宗哲學喚醒長眠已久的中國人心靈，並且提供了最強的刺激，促成了宋學的開花結果。

華嚴哲學代表了中國佛教徒的智性能力，但同時還有另一個宗派興起，並且更強而有力地攫住中國人的心，那就是禪宗。禪一部份吸引了中國人實證的癖好，另一部份則滿足了中國人對神秘思想的渴望。禪蔑視文字知識，推崇直觀的理解。修禪者們一致相信，直觀的理解是掌握終極真實最直接、最有效的方法。事實上，經驗主義、神秘主義、以及實證主義很容易就攜手同行。它們都追求經驗事實，而且不喜歡在其周圍建構知識的框架。

然而，人是社會性的存在。僅僅擁有經驗，不能使人感到滿足。人想要向其他人傳達他的經驗——那表示（對人來說），直觀必須有內容，必須以智性的方式重新建構。禪盡其所能地保有其直觀理解的面向，同時將比喻、象徵、以及詩的伎倆（雖然這不是很體面的說法），運用到極致。

不過，當禪必須仰賴智性的作用時，它和華嚴哲學是好夥伴。禪與華嚴哲學的融合——雖然絕不是有意造成的——在澄觀（七三八至八三八）與宗密（七八〇至八四一）身上，看得最明顯。他們兩人都是華嚴宗的大學者，同時也都是修禪之人。禪就是透過這樣的進程，影響宋學者的儒教思想。

唐代以這樣的方式，為宋代「理學」的勃興準備好道路。我認為「理學」是中國本土最珍貴的產物。華嚴、禪、儒教、老子思想，通通被扔進中國人心智的大坩堝裡，「理學」就從中而生。

朱熹有幾位先驅：周敦頤（一〇一七至一〇七三）、張橫渠（一〇七七至一一三五）、程明道（一〇八五至一一三九）與程伊川（一一〇七至一一八二）兄弟等。他們都試圖在純粹中國的基礎上建立哲學，而他們認為這個基礎主要在於「四書」——《論語》、《孟子》、《大學》、《中庸》——與《易經》。他們同時也都研究禪，而且在自己的學說的形成上，受到禪莫大的助益。這一點可以從以下的事實看出來：他們都極力強調頓悟的重要性。當他們埋頭研究經典、沈思其意義，到了足夠投入的程度，頓悟就會降臨在他們身上。他們提出「無極」、「太極」、「太虛」等概念，作為最根源的要素。這些概念來自《易經》與《老子》，但我們可以感覺「太虛」帶有佛教的色彩。將這個原理翻譯成倫理學的用語，就是「誠」。他們相信，人生的理想就是涵養「誠」之德。世界因為「誠」而如是存在；源自「太極」——終極的限制——的陰陽兩原理交互作用，使萬物得以生長運行。他們也稱呼「誠」為「理」或「天理」。

在宋學裡，「氣」與「理」是相對的概念。「氣」與「理」的對立，在「太極」、也就是「無極」之中統一。「理」貫通萬物，為萬物所分有。無「理」萬事萬物皆不可能；失去「理」，存在將成為非實在。「氣」有分化的作用；唯一的「理」透過「氣」而繁衍，從而生出多樣化的世界。「理」與「氣」就以這個方式相互穿透、相互補足。

「太極」和「理」、「氣」的關係並不是十分明確，我們只能說「太極」是這兩個原理的綜合體。可能是受到華嚴宗的影響，宋學顯然不希望自己的思想體系卡在二元論上。「太極」本身是個曖昧的觀念，看起來像是一種始源的物質，也就是「無極」（無限）。當人們說「太極」（極限）就是「無極」（無限），一個在「物質之上」，一個在「物質之下」，就產生了一個疑問：「之上」的，如何成為「之下」的？反之亦然。「理」與「氣」也面對同樣的困難。佛教徒毫不猶豫地否定世界的具象性，並且主張此具象世界、以及具象世界中的一切，都是「空」。但宋代的哲學家無可置疑地，始終仍然是中國人。在這個面相上，他們絲毫沒有追隨佛教徒的意思。中國人的心智總是緊抱著具體實相的世界。即使在他們最接近華嚴的時候，也不敢越過具象性向前一步。

朱熹的宋學中最重要的，是他的歷史觀；它以最實際的方式、對中國與日本產生了巨大的影響。朱熹的歷史觀發展自《春秋》——孔子所編纂的偉大經典之一——的主要觀念。孔子寫作《春秋》，以道德的觀點評量戰國時代各地諸侯。當時的中國分為數個王國，每一個都試圖壓制其他國家。僭位者宣稱自己承繼了王權的正統；政治失去方向，隨著統治者的天馬行空任意亂舞。孔子編纂當代的編年史，目的是為他母國未來所有的統治階級，建立一套普遍的倫理標準。因此，透過歷史事件的實例說明，《春秋》成為一部實用的倫理法典。

朱熹仿效孔子的做法，將司馬光的鉅著，縮節編纂成《資治通鑑綱要》。在這部書中，他主張以「名分」這個大原則，作為所有時代的政治指導原理。宇宙由上天的諸法則所支配，人事也是如此。這些法則要求我們每一個人，檢視對自己來說，如何才是適宜正當的。每個人有他的「名」，在社會上佔據特定的位置，因此他應該盡他的「分」。人作為所屬集團的一份子，必須在被指派的場所，貢獻他自己。如果要保持並增進其成員的和平與幸福，這樣的社會關係網絡不容忽視。統治者有他應盡的本分，臣民有臣民的本分，父母子女相互之間，也都各自有明確規範的義務。名、位、分，都不應該有任何紊亂與僭越。

朱熹十分強調他的「名分」論。他看見北方的侵略者猛烈地攻擊、威脅宋國的主權，而政府高官面對入侵敵人的態度卻軟弱而飄搖不定，有些人甚至一心只想妥協。這樣的戲碼一幕接一幕在他眼前上演，激起了他的愛國心與民族主義精神，使他甘冒生命的危險，極力堅持自己的看法，反抗那些主張政府應對北方民族的壓迫讓步的政客。雖然最後在蒙古軍壓倒性的優勢下，他的哲學並不能挽救南宋滅亡的命運，卻從此在中國與封建時代的日本，得到普遍的支持。

朱熹的哲學強烈地吸引中國人的心，在隨後的幾個朝代中，成為官方認可的思想體系。其中的一個原因，是他的思想框架裡，包含了中國文化發展過程中所有代表性的正統思想，而且他滿足了一切中國人思考與感覺方式的條件，使這些正統思想趨於成熟。另一個原因是，朱熹的思想正是讓中國人心理倍感親近，同時也是一般人熱切追求的「秩序的哲學」。中國人無疑和其他國家的人民一樣，充滿愛國心與對國家的自負，但我覺得他們實際多於感傷，相信實證主義超過理想主義。他們的腳始終黏著於地面。他們或許偶爾也會抬頭凝視星星的美，但他們從來沒有忘記，若是與大地分離，人一天也活不了。因此，比起朱熹的理想主義與感情主義，他們更受到他的社會秩序論與實用主義哲學吸引。在這一點上，中國人與日本人不同。

程明道的這一番聲明，貼切地描繪出中國人的心性：

「道之所以不明，乃是異端所害。古時候這樣的傷害顯而易見，但今天異端之害深入而不容易辨明。從前異端邪說利用我們的無知而迷惑我們，今日他們則從我們的聰明入手，宣稱他們已理解存在之奧秘，知曉變化之理由。但實際上，他們的思想不能認識具體事物，無法實踐社會義務。他們自認其教義放諸四海皆準，但事實上他們違背我們日常生活的道德秩序。他們說，他們的思想體系已窮盡所有精深精微之處，但我說，他們無法入古聖古賢堯舜之道。」

——《鳴道集說》

這裡所說的「異端」，毫無疑問指的就是佛教思想。宋學家認為，無論佛教如何高翔雲端，都不適合實際、現實的中國人。宋學的這個現實精神，和禪坐著同一艘船來到日本。同船的，還有由朱熹的軍國精神注入宋學裡的國族主義。

南宋後期有許多愛國軍人、政治家，甚至是禪僧，挺身與侵略者戰鬥。國族主義的精神瀰漫在所有知識階層之間。渡宋的日本禪僧歸國的時候，以朱子學的形式，帶回來滿滿的這種精神與哲學。不只是日本旅人，來自南宋、定居日本的中國禪僧，也在他們的禪之中，夾帶著宋學家的訊息。他們攜手在日本宣揚國族主義哲學，而且在各方面都獲得成功。其中最顯著的影響，表現在後醍醐天皇朝廷，試圖從鎌倉幕府手中取回政權的劃時代決定。據說，後醍醐天皇與朝臣研究朱熹的中國史而受到啟發，因此興起了這場運動。而且，他們的研究是在禪僧的指導下進行的。據歷史學家表示，北畠親房的《神皇正統記》也是朱子學研究的成果之一。親房是後醍醐天皇身邊文臣之一人，也是位參禪者。

不幸地，後醍醐天皇與朝廷恢復政權的努力失敗了。不過，隨後的政治異常，並不代表儒學在日本知識份子之間的衰退；儒學的研究在五山以及各地方禪僧的幫助下，依然蓬勃進行。室町時代，普遍認為朱子學是儒教的正統理論，禪僧也以超過學術以上的熱情，開始研究。他們知道什麼地方最需要禪，宋學在什麼地方最具有實際的用處。於是他們成為宋學的官方宣傳者；他們的影響以京都為中心，散播到全國各個偏遠地區。

這種將禪與宋學（在朱熹手上系統化的）分開思考的傾向，間接造成日本的佛教與儒教，在德川時代各自劃分涇渭分明的勢力範圍。中國人思想與感覺中的實用取向精神——在朱熹的哲學中特別明顯——對德川幕府的創建者們非常具有吸引力。在多年的戰爭之後，他們急於重建國家的和平與秩序，而他們認為中國的學說最適合這個任務。最早以朱熹的訓注講述宋學的御用學者，是藤原惺窩與其弟子林羅山。惺窩原本是佛僧，因為熱衷儒書的研究而捨棄了僧衣。之後有一段時間，他仍然維持剃髮的習慣。在惺窩與羅山之後，儒教研究有了它自己的信徒，而禪僧們則滿足於宣揚自己的教義——至少從官方角度看來是如此。然而我們也不能忘記，自從宋學引進之後，日本一直試圖融合儒、佛、神道三教。中國人也做過同樣的事。關於這一點，日本思想史之中，有一件值得注意的、了不起的事實。雖然在官方說法裡，神道教被認為是日本國民精神的體現，但它從不曾宣稱自己的教義獨立於儒教或佛教之外。最可能的理由，或許是因為神道並沒有自己獨立的哲學；它是在接觸到儒教與佛教之後，才意識到自己的存在，學會如何表達自己。的確，本居宣長（一七三〇至一八〇一）與他的門徒們，對儒教與佛教發起了一場猛烈的攻擊，認為這些外來的思想，和日本人的生活與感覺方式格格不入。然而，他們的愛國保守主義並非來自哲學的理由，而是受到政治動機的刺激。毫無疑問地，他們是促進明治維新（一八六八）的一股重大力量。但是從純粹哲學的觀點來看，他們的「宗教－國族主義」辯證法具有多少普遍的要素，是一個很大的問題。

Zen and Japanese Culture

# 第六章 ● 禪與茶道

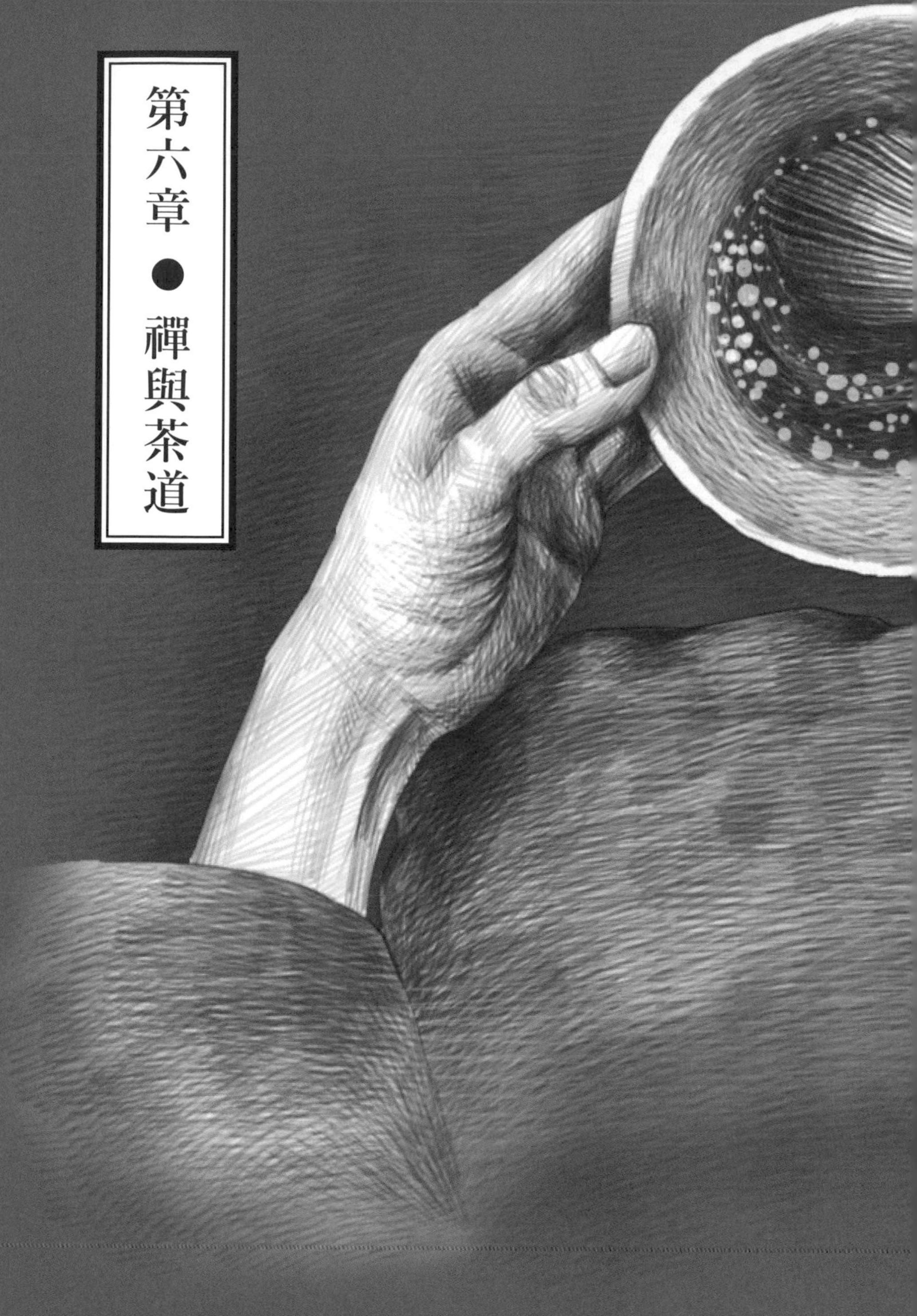

# 一

禪與茶道共通之處，在於它們始終追求單純化。「去除不必要的事物」這件事，在禪上面，顯現為以直觀的方式捕捉終極真實；在茶道上，則顯現為生活的藝術。在茶室內喝茶，就是這種生活藝術的典型化表現。茶道講究的是原始單純的美感。坐在大小僅約兩坪、精心建造的茅頂小屋裡，就是為了實現接近自然的理想。禪的目標，也是剝除人類妄自尊大的一切造作包裝。禪首要的戰鬥對象是智性。因為，儘管智性有其實用價值，卻阻礙我們進入存在的深處。哲學提出各種問題與智性的解答，卻永遠不能給予我們心靈上的滿足；但不論智愚，我們每個人都應該得到精神的安寧。哲學之路只開放給那些具有特殊才能的人，並非萬人皆能領略鑑賞的對象。禪（或者更廣泛一點說，宗教）要讓人丟棄一切他自以為擁有的事物——甚至是生命——以回到最終的存在狀態。

那是人的「本住地」，或者說他的「父」，他的「母」。這樣的回歸，我們每個人都能做到。我們的存在來自它，他，或她。沒有後者，我們什麼也不是。我們可以稱之為最終階段的單純化；因為我們已經無法將事物還原到比這個更單純的狀態。茶道以老松樹下的一間茅屋，象徵這最終階段的單純性。形式一旦被以這個方式象徵出來，就可以進行藝術性的處理。當然，這些藝術性的處理必須完全符合最初、最原始的觀念，也就是去除多餘。

日本在鎌倉時代之前，就已經知道「茶」這種東西的存在。但據說將它普及於一般廣大民眾的，是榮西禪師（一一三一至一二一五）。他從中國帶回來茶樹的種子，栽植在禪院的庭園裡。榮西將栽種的茶，和他寫的一本書《喫茶養生記》一起，獻給當時生病的將軍源實朝（一一七二至一二一九），於是被視為日本種茶的始祖。他認為茶對於某些疾病具有藥效。榮西滯留中國的禪院時，必定觀察過當地茶宴的作法，但他顯然並未將它傳授給當時的日本人。茶宴是中國僧院款待訪客的一種方式，有時候寺裡的僧人也會舉行茶宴自娛。將茶宴的儀式引進日本的，是晚了榮西約半世紀的大應國師（一二三六至一三〇八）。大應之後，有幾位禪僧相繼成為此道高手，終於來到著名的大德寺一休和尚（一三九四至一四八一）。一休將茶宴的技藝作法傳授給弟子之一的珠光（一四二二至一五〇二），珠光則以其藝術天才予以發展，並且成功地融入日本的審美品味。於是珠光成為日本茶道的創始者，並且將它傳授給當時的將軍，熱心的藝術贊助者足利義政（一四三五至一四九〇）。後繼的紹鷗（一五〇三至一五五五）與利休——特別是利休——又將珠光發展而成的茶道作法精煉改良，成為今日我們所說的「茶湯」（茶の湯），英文一般譯為「tea-ceremony」或「tea-cult」。最早的茶宴儀式則獨立於如今一般民眾的作法之外，仍以它原有的風貌實行在禪院中。

我在思考茶道的事情時，常想到它與佛教生活的關聯。佛教生活包含了許多茶的性格。茶使人心神清新警覺，而不會讓人迷醉。它的一些特質，很自然地得到學者與僧侶的欣賞。因此，佛教寺院頻繁地使用茶，而且最早將茶介紹到日本的是禪僧，這些都不令人意外。如果說茶象徵佛教，應該也可以說，葡萄酒代表了基督教吧。基督徒廣泛地使用葡萄酒。教會以它象徵基督的血，而基督教的學者主張，基督的血是為罪孽深重的人類而流的。中世紀的僧侶在修道院中建造酒窖，可能也是因為這個理由。我們偶爾可以在繪畫中看到，這些修道僧們圍著酒樽，開朗愉快地舉杯的情景。葡萄酒先是使他們興奮，跟著使他們陶醉。在許多方面，葡萄酒與茶形成對比；它同時也呼應了佛教與基督宗教的對比。

如今我們可以看到，茶道與禪不僅在實際發展過程中緊密相連，茶道儀式中的順服精神，也與禪息息相關。以感情上的用語來說，這個精神就是「和、敬、清、寂」。這四個要素，都是完成茶道儀式所不可或缺的；它們同時也是構成友愛與秩序生活的本質成分。而禪寺的生活無他，就是友愛與秩序。從宋儒程明道在造訪禪剎定林寺之後所說的感想，可以推想出禪僧的舉止，是如何地呈現完美的秩序。「在這裡我們可以確實看到，曾經行於三代的古禮。」所謂「三代」，是指中國遠古的夏、商、周，那是所有中國文人政治家夢中的理想時代。他們想像那是個一切美好的年代，政治清明，人民幸福。

即使是現代，不論從個人的角度或集體的角度來看，禪僧仍然在禮儀方面，受到良好的訓練。一般認為小笠原流 的禮儀作法，源自於通稱「百丈清規」的各種禪院的規矩。[1]雖然禪的教義在於超越形式、直接掌握精神，但它始終不忘

1．百丈是唐代一位偉大的禪師。七二〇至八一四。

提醒我們這個事實：我們居住在具有具體型態的世界，精神只有透過形式的媒介，才能顯現它自己。因此，禪一方面反對任何律法，同時卻嚴格遵守紀律。

「調和」（harmony）的「和」，同時也是「和悅」（gentleness of spirit）的「和」。對我來說，「和悅」的「和」更能夠描述支配茶道儀式全部過程的精神。「調和」比較是關於形式的，而「和悅」則意指內在的情感。茶室的整體氛圍，在於在周圍創造出這樣的「和」——觸感之和，香氣之和，光線之和，聲響之和。你拿起一個茶碗，手工製作、形狀不規則。釉藥或許上得不均勻，但這個看來原始的小器皿，卻有一種獨特的魅力，讓人感到和、靜、慎。茶室裡焚的香絕不會有強烈的刺激感，而是溫和地瀰漫。窗與簾又是另一種平和魅力的來源。透進來的光始終是柔和而令人放鬆的，引領我們走入冥思。穿過茶室上方老松針葉的微風，與火爐上的鐵壺和鳴。環境的一切，都反映出作茶者的人格。

## 「以和為貴，以不逆為宗」

這是《十七條憲法》開頭的句子。這部憲法，是西元六〇四年聖德太子所制定的。那是聖德太子對其臣民的一種道德與精神訓示。姑且不論其政治意涵為何，這個訓示一開始就把重點放在精神之「和」，這一點具有深遠的意義。事實上，這是在歷經數世紀的文明之後，首次清楚地被陳述出來的日本意識，喚醒了日本的人民。雖然近年來，日本被視為好戰的民族——這是相當的誤解——但日本人民對自己性格的認識並非如此。整體而言，日本人認為自己具有柔和的本質。他們這樣想是有根據的，因為環繞日本全島的自然環境與氣候氣象，一般來說是溫和的。這主要來自空氣中的水氣。山嶽、村落、森林等等在水氣的包覆下，呈現柔和的面貌；一般來說，日本的花卉色彩並不鮮豔，卻是淡雅而細膩；春天的草葉則躍動著清新的感覺。在這種環境下成長的敏感心靈，必定會吸收其中的特質，那就是精神之「和」。但是，在接觸各種社會、政治、經濟、種族的難題之後，我們很容易就偏離了這種日本民族性的基本美德。我們必須保護自己不受污染，而禪可以幫助我們做到這一點。

道元（一二〇〇至一二五三）在中國習禪多年後回到日本，有人問他在中國學到了些什麼。他回答：「無他，唯柔軟心爾」。「柔軟心」就是溫柔善良的心，在這裡意味著精神之「和」。通常我們總是太過自私，充滿強硬的對抗心。

我們太過個人主義，無法接受事物原本的面貌，無法接受發生在我們身上的事物。對抗意味摩擦，而摩擦是一切麻煩的根源。如果沒有自我，心就能柔軟，不會抵抗外在的影響。這不必然表示缺乏所有的感受性。但是從精神面的觀點來看，基督徒和佛教徒一樣，都知道如何追隨道元，體會「無我」與「柔軟心」的重要性。茶道所說的「精神之和」，與聖德太子的訓示是同樣的型態。「精神之和」或「柔軟心」，確實是我們此世生活的基礎。如果茶道的目標，是在其微小的團體中建立淨土，它就必須從精神之和開始。為了更進一步說明這一點，讓我們引述澤庵禪師（一五七三至一六四五）的這一段話：

## 澤庵「茶亭之記」

「茶道以天地中和之氣為本，可以為治世安穩之風俗。今日之人，偏之為朋友會談之媒介，飲食之快，口腹之助。更盡其茶室之華美，備珍器名品，誇耀自己巧手，譏嘲他人笨拙。凡此種種，皆非茶道之本意。竹陰樹下建小室，貯水石，植草木，置炭火，懸釜生花，飾以茶具。山川自然之水石，移於一室。賞玩四序雪月花之風景，感草木榮落之時節，以之禮敬賓客。聽釜中松風颯颯，忘世上念慮；取一杓渭水涓涓，洗心中塵埃。真乃人間仙境。敬乃禮之本，其用以和為貴。此乃孔子言禮之用所述，亦為茶道之心法。比如公子貴人來坐，淡泊以交，不媚不諂；又如下輩之人來訪，待之以敬，不怠不慢。此乃茶室之氣，和而不流，久亦不失其敬。迦葉微笑，曾子一唯，真如玄妙之意，不可說之理。是故茶室之建構、茶具之齊備，乃至技法、會席、衣裝，皆不可繁縟煩瑣，不以美麗示人。道具雖古，心亦可一新。不忘四時風景，不諂、不貪、不奢，用心不疏，溫文真誠，乃茶道之謂也。是則賞天地自然之和氣，移山川木石於爐邊，盡備五行。汲天地之流，口嘗其風味，不亦大哉。樂在天地中和之氣，茶之道也。」

——《結繩集》、《古今茶話》

茶道與禪，對於日本社會生活中現存的民主精神，多少有些貢獻吧！日本的封建時代雖然有嚴格的階級制度，但是庶民之間卻擁有平等博愛的觀念。兩坪大的茶室裡，來自各種階級的客人平等地接受款待。一旦進入茶室，一切世俗的考量皆隨風流逝。平民與貴族促膝，以互相尊重的態度，閒談彼此都有興趣的話題。禪之中，當然不允許任何俗世的區別。禪僧可以自由地親近任何階級的人，和他們融為一體。人類本質中深植著一種渴望，想要捨棄社會加諸我們的人為羈絆，每隔一陣子，就想要與同胞自由、自然、真誠地對話——這裡所說的同胞，包含了動物、植物、以及非生物。因此，我們始終歡迎這種解放的機會。毫無疑問地，這就是澤庵所說的「天地之和」——所有的天使，都加入合唱。

「敬」原本是宗教性的情感。面對比我們——我們這些可憐、必死的東西——更高的存在，所產生的情感。後來，這樣的情感轉移到社會關係上，並且墮落為單純的形式主義。在講究民主的這個時代——雖然晚近世界上的某些部分，對這一點有所質疑——每個人都和其他人一樣好；至少以社會的觀點來看，沒有人值得特別尊敬。但如果我們分析這樣的情感、回溯到它原初的意義，就可以發現，它來自人對自己的無價值的反省；也就是說，不論在肉體、智力、道德、精神各方面，人覺察到自己的有限。這樣的自覺在我們心中激起了一種欲望，想要超越我們自己，並且想要和以一切可能的形式與我們對立的存在，有所接觸。這個欲望引導我們精神上的活動，朝向外在的對象；但是當它轉向我們自己，就變成自我否定、謙遜、以及罪惡感。這些都是消極負面的德性；它的正面積極的形態是「敬」，一種不蔑視他人的情感。人是充滿矛盾的存在。某方面來說，我們覺得自己和其他人一樣好，但同時又抱著天生的懷疑，認為所有人都比我們強——那是一種複雜的自卑感。大乘佛教中有一位「常不輕菩薩」，意思是他從來不看輕任何人。或許當我們對自己真誠——也就是說，當我們在自己存在的深處，一個人獨處的時候——會產生某種情感，讓我們以謙讓的心面對他人。不管那是什麼東西，「敬」裡面有一種很深的宗教態度。為了在寒冬的夜裡取暖，禪可以焚燒寺裡所有的佛像。為了讓自己的存在，成為免除一切外在矯飾——不論它們看起來多麼迷人——的真理，禪可以毀棄一切文獻，即使裡面包含著它本身的貴重遺產，也不例外。但是，禪從來不忘記讚美被暴風吹裂、塗滿泥濘的一片草葉，不忘記將野地裡的小花，以其本然面貌，獻給三千世界的佛陀。禪知道如何輕侮，所以知道如何崇敬。就像其他所有事物，禪所需要的是心的真誠，而不是概念論或物質上的模仿。

豐臣秀吉在他那個時代，是茶道的大贊助者，同時也是千利休（一五二一至一五九一）——現代茶道實質上的創始人——的仰慕者。雖然他本質上是個好大喜功、浮誇虛榮的人，但到了最後，似乎多少能夠理解利休一派所倡導的茶道精神。在某次利休的茶會上，他呈給利休這樣的歌：

從無底的心汲取
茶湯之為茶湯

從許多方面來說，秀吉是個粗暴殘虐的獨裁者。但他對茶道的喜愛，除了用來為政治目的服務外，似乎還有某些真實純粹的部分。這首歌裡，從心泉汲水的這個意象，觸及了「敬」的精神。

利休這樣說：

茶道無他
煮水
點茶
飲之

非常簡單。人生就是出生，吃喝，工作，睡覺，結婚，生子，最後消失到沒有人知道的地方去。這樣想的話，就知道沒有比人生更簡單的事。但是我們之中，有幾個人能夠過這種實事求是的生活，或是讓生命沈醉在神裡？有誰可以絕對信賴神，除此之外沒有其他欲望、不留任何遺憾？我們活的時候想著死，死的時候想要活。有一件工作必須完成的時候，就會有一大堆其他不相干的事，擠進我們的腦子裡，誤導、分散我們的精力，讓我們無法專注在眼前的問題。當我們把水倒進碗裡，我們倒進去的不只是水，還有很多其他的東西。好的壞的，純或不純，那些使我們羞愧汗顏，除了自己無意識深處、無處可倒的東西。分析點茶的水，你會看到裡面包含著擾亂污染我們意識流的所有穢物。只有當技術不再是技術，它才能臻於完美。那是「無技巧」完成的時候，也是我們最深層的真誠顯現它自己的時候。這是茶道中「敬」的意義。因此，「敬」就是心的真誠單純。

茶道精神之一的「清」，可以說是來自日本人心靈的貢獻。「清」是清潔，有時候也意味著秩序，在與茶道有關的一切事物中，隨處可見。茶室旁稱為「露地」的庭園，清水供任何人自由取用。沒有自然流水可用的地方，會設置岩石鑿成的洗手缽。茶室裡不用說，當然是一塵不染。

「茶道之本意，在於清淨六根。看著壁龕裡的掛軸、瓶中的花，嗅著焚香，聽著竹杓舀水的聲音，品嚐茶的滋味，撫觸茶具——五感皆清淨之時，意也自然清。畢竟，茶室本為清心之所。我的渴望，乃是須臾不離茶道之精神，非僅僅為休憩娛樂而已。」

——《葉隱》第二卷

利休有這樣一首歌：

露地僅是
浮世外的小徑
因何灑落心塵？

下面的這兩首歌裡，他描述自己從茶室中，靜靜眺望窗外的心境。

茶庭地面

拂之不盡的松葉上
無塵

簷稍投下
照亮夜空的月影
我心清澄
無愧無悔

這的確是一顆純粹、寧靜、不受情緒干擾，可以享受「絕對」的孤獨感的心靈。

沿著巨岩
覆雪的山徑
此去路已絕
無人來訪

不待何人

《南方錄》是茶道最重要、幾乎被視為神聖的教典之一。這本書中的一個章節，顯示出茶道的理想，是在俗世中實現清淨無垢的佛土——不論其規模如何微小；凝聚理想的社會——不管它為時如何短暫，成員如何稀少。

「侘的本意，在於表現清淨無垢的佛世界。至此露地草庵，即應拂卻塵芥，主客以直心相交，規矩、寸尺、式法，盡皆不語，唯生火、煮水、喫茶之事，不應有他。若泥於作法禮數，則墮入種種世間之義，主客以過相譏。了悟熟得此道者，實為難尋。若得趙州為亭主，菩提達摩為客，利休居士與貧僧則在露地拾塵，可不謂一時之會乎？」

——《南方錄》滅後書

我們可以看到利休弟子的這段文字，是如何充分浸染了禪的精神。

接下來我將特別以單獨一節，來說明「寂」或「侘」——茶道的第四個要素——的概念。事實上，它是構成茶道最本質性的要素；沒有「寂」或「侘」，就不可能有任何茶道可言。同時也是因為這個觀念，禪與茶進入更緊密的關係。

## 二

我使用「tranquility」（寧靜）這個字，向外國人說明構成茶道精神的第四要素。但這個英文字，或許無法傳達「寂」這個漢字所包含的全部意義。「寂」是日語的「さび」（sabi），但「さび」的含義遠比寧靜更廣。與「寂」相當的梵文是Santi，意思是「和平」、「寂靜」。在佛典中，「寂」經常被用來指「死」或「涅槃」。但是「寂」在茶道中，意指「匱乏」、「簡化」、「孤絕」，與「侘」（わび，wabi）是同樣的意思。

要領會、欣賞「匱乏」——或者說，原原本本接受被賦予的任何事物——需要平靜的心靈。然而，在「寂」與「侘」之中，都暗示了某種對象性。只有平靜，並不能稱為「寂」，也不是「侘」。在我們內在引起「侘」的心境的，始終是某種對象物。「侘」不只是對特定環境型態所產生的心理反應，其中還具有某種審美的原理。如果缺乏這種審美的原理，匱乏就只是貧困，孤絕就只是被放逐（ostracism），或是非人類的非社會性而已。因此，「侘」或「寂」可以被定義為「以審美的態度品味匱乏」。當它被引為藝術的原理，就是創造或重塑能夠喚醒「侘」或「寂」的情感之環境。如今我們使用這兩個詞語時，「寂」一般較多用於個別的事物與環境，而「侘」則拿來形容匱乏、不足、不完全的生活狀態。

一休的弟子、也是足利義政的茶匠珠光，經常以下述的故事，教導弟子們茶道的精神。

某位中國詩人，偶然作了這樣的一對聯：

前村深雪裡
昨夜數枝開[2]

2．唐代詩僧齊己所作〈詠早梅〉。

他把這對聯讓一位朋友看，友人建議他將「數枝」改成「一枝」。詩人照著做了，並且尊稱這位朋友為「梅花一字師」。覆蓋在白雪之下的森林中，綻開的一枝梅花——這兒有「侘」的觀念在裡面。

據說在某個場合中，珠光說了以下的話：

「看到茅草小屋裡繫著名馬，是美好的事。在一個尋常房間裡發現稀世珍品，更叫人特別喜悅。」

這使人想起一句禪語：「破襴衫裡盛清風」。從外面看過去，絲毫不覺得有什麼特別之處，但內容與外表的一切相反，從各方面看來都是無價之寶。於是「侘」的生活可以這樣定義：深藏在匱乏之下的，無可言喻的、平靜的喜悅。茶道試圖以藝術的方式，表達這一點。

但是，這裡面只要有一絲不真誠的痕跡，就會毀了一切。無價的內容必須以真實無偽的方式存在，它們必須像從來「不在」一樣地存在，必須像是無意間被發掘的。一開始，看不出有什麼非凡事物的跡象，只是隱約受到某種東西吸引。靠近細看、測試，卻出乎意料地發現純金的礦脈，熠熠發光。但是，被發現也好，無人知曉也好，金就是金，依然如故。它保持它的真實，也就是對自己的真誠，不受偶然性影響。「侘」意味著忠於自己。茶人住在沒有任何多餘裝飾的小庵裡。友人突然造訪。點茶，插上新的花束，在主人的談話與款待下，客人享受一段寧靜的午後時光。這不就是真正的茶道嗎？

或許有人會問：「現在這個時代，幾個人能擁有這茶人的境遇？說什麼悠閒從容的款待，真是愚蠢無聊。先給我們麵包，並且縮短我們的勞動時間再說。」但說實在話，我們這些所謂的現代人，失去的其實是悠閒的心。我們日夜憂煩的心，沒有足以真正享受生命的空間。我們為刺激而追求刺激，只為了讓擔憂暫時閉嘴。主要的問題在於，生命應該拿來享受閑靜與文化教養的喜悅，還是追求感官的刺激與快樂？當我們想清楚這個問題，必要的時候，大可以全盤否定現代生活的機制，重新啟動生命。我希望我們的命運，不是永遠淪為物質慾望與舒適的奴隸。

江戶初期的茶人片桐石州（一六〇五至一六七三）如此寫道：

「日本國之大主天照御神，乃是天下『侘』之根元。以其身分地位，即使興建鑲滿金銀珠玉的宮殿，也不會有人責怪，他卻安居於茅屋，食糙米維生，凡事敬慎謙和，不懈不怠。此世之茶人，無出其右者。」

——石州流《秘事五條》

這位作者將天照大神視為生活在「侘」之中的茶人代表，實在有趣。無論如何，這顯示茶道是對原始單純性的審美行為。換句話說，茶道以美的方式，表現出我們的一種憧憬——我們大多數人的內心深處，都渴望在生存許可的範圍內回到大自然，與大自然合而為一。

從上述這些文字，我們已經可以相當明瞭「侘」的概念。宗旦是利休的孫子，可以說真正的「侘」的生活，是從他開始的。他說明「侘」是茶道的真髓，與佛教徒的道德生活相符。

「茶道重視、並且實踐『侘』這個字，以之為持戒。然而俗輩之人，表面上假扮『侘』的樣貌，私底下卻毫無『侘』的心意。他們為了徒具『侘』的外表的茶齋耗費許多黃金，變賣田園土地換取珍奇瓷器，以向賓客炫耀，這如何可謂風流！『侘』字的本意，指的是物質的匱乏，際遇的不如人意，以及貧窮失意的人生。離騷之註有云，『侘』乃立也，『傺』則是住。『侘』『傺』連在一起，意思是『憂思、失意、住立而不能前』。又，《釋氏要覽》中有這樣一段話：獅子吼菩薩問，少欲與知足，有何差別？佛曰，少欲者不取，知足者得少而不悔恨。將兩者合起來訓『侘』這個字，其意義可以說是『即使不便，也不覺得不便；即使不足，也不生不足之心；即使不順遂，也不抱不順遂之念』。視不便為不便，愁不足為不足，不順遂之時、哀嘆自己不順遂——這不是『侘』，只是個為貧所困的人。如果能免除一切這種念頭，堅守『侘』之意，即等於行持戒波羅蜜。」

——《茶禪同一味》、《禪茶錄》

在「侘」之中，美與道德、精神融合一體。因此茶人主張茶道就是生活，而不只是一種遊樂，不論它如何精緻。於是禪與茶道直接相聯。事實上，大多數從前的茶人都熱心習禪，並且將參禪的心得，應用到他們專業的技藝上。

有時候，宗教可以定義為逃離此世之乏味單調的途徑。學者們或許會反對這種看法，主張宗教追求的不是逃避，而是超越；宗教將生命提升到「絕對」或「無限」的境界。然而就事實而言，宗教的確是人暫時得到喘息、得以回復生機的避難所。作為一種精神上的修煉，禪也做同樣的事；但它過於超越（我們熟知的俗世日常），尋常心智難以親近。學禪的茶人下功夫，以茶道的形式，實踐他們對禪的領悟。很大程度，這可能也來自他們對美的渴望。

看了以上的說明，讀者們說不定會覺得「侘」或多或少是一種消極的性質，是為了人生失意的人而準備的樂趣。某種程度來說，這是真的。但我們之中有幾人真的那麼健壯，在人生中從來不需要藥物或補品的幫助？更何況，我們每個人都註定一死。身心強壯的企業家，在退休之後急速衰老——心理學告訴我們許多這樣的例子。為什麼？因為他們不知道保留精力。也就是說，當他們還在工作的時候，從來沒有想到如何抽身。戰國時代的日本武士，即使在最奮不顧身地戰鬥的時候，也知道如果神經一直處於緊繃、警戒的狀態，他們將無以為繼；他們必須找到逃避的時間與空間。無疑地，茶道提供了他們所需。兩坪大的茶室，象徵了他們「無意識」中的一個安靜的角落，讓他們可以暫時撤退其中。當他們走出來的時候，不但身心都得到新鮮的活力，同時記憶也得到更新。現在他們心裡有一些具有永久價值的事物，而不是只有戰鬥。

以下是一位茶人被迫與惡徒決鬥的時候，變身為劍士的故事。

十七世紀末，土佐國的大名（諸侯的一種）山之內，想要他的茶師，陪他一起到江戶參覲。茶師心裡不願意。首先他不是武士，而且他知道江戶不像土佐，不是個平靜的地方，不合他的個性。他在土佐有許多好朋友，大家都認識他。他擔心自己在江戶會惹上麻煩，不但自己丟臉，也會讓主公蒙羞。這趟旅行太過冒險，他一點意願也沒有。

但是主公非常堅持，聽不進他的異議。因為這是一位非常優秀的茶師，主公心裡或許暗藏著想要拿他向朋友、同事炫耀的欲望吧。茶師無法抗拒主公熱切的要求——事實上是命令——於是他褪下茶袍、換上武士的衣服，並且配戴兩把劍，與主公同行。

滯留江戶期間，茶師大部分待在主公的房子裡。有一天主公允准他外出觀光。武士裝扮的茶師，來到上野的不忍池畔，遠遠看到一個面貌兇惡的武士，坐在一塊石頭上。茶師不喜歡這個人的長相，卻無路可避，只好硬著頭皮走向前去。那武士禮貌地向他搭話：「依我看，您是位土佐的武士。我是否有這個榮幸，與您切磋劍技？」

土佐的茶人，從這趟旅行一開始，就一直擔心這種事，現在果然遇到了最兇惡的浪人。他不知如何是好。不過，他誠實地回答：

「我雖然這樣穿，但不是真正的武士。我是個茶匠，在劍術方面，完全不可能是您的對手。」但浪人真正的目的，是要搶奪這犧牲者的財物。現在他證實這茶人不會劍術，不可能放過他。浪人更加堅持要和茶人比武。

發現自己不可能逃過這個心懷惡意的浪人，茶人有了覺悟，準備死在敵人的刀下。但是他不願以羞辱的方式死去，因為這將使他的主公蒙羞。突然他想起，幾分鐘前才經過上野公園旁的一處劍道場，或許可以請教那裏的師父刀劍的正確用法，以及如何以光榮的方式，面對不可避免的死亡。於是他告訴浪人：「既然您這麼堅持，就讓我們試試彼此的武藝。但我身上有主君交付的任務，必須先向他交代清楚。我去去就回，希望您給我一些時間。」

浪人同意了。於是茶人趕到劍道場，緊急求見道場的師父。守門人有點遲疑，因為茶人身上沒有任何介紹信。但是他察覺這訪客的一言一行、一舉一動，都流露出認真的渴求，於是他領著茶人去見師父。

道場師父靜靜地傾聽。茶人敘述了整個故事，並且表達自己的熱切願望：想要有尊嚴地死去，像個名副其實的武士。這位劍士聽完以後，說道：「來到我這裡的學生，個個都是想要知道如何使劍，而不是如何死去。你是唯一的特例。不過，既然你說你是茶人，那麼在我教你死亡的方法之前，請為我點一碗茶。」土佐的茶人再高興也不過，因為這說不定是他最後一次操作自己的技藝。在茶人沏茶的時候，劍士仔細地觀察他。茶人平靜地準備一切，完全忘記即將到來的悲劇。他確實地執行每一個步驟，彷彿在那個時候、在太陽底下，那是他唯一關心的事。茶人的專心一志、心無旁騖，讓劍士非常感動。他一拍自己的膝蓋，表示真心的讚許，並且說：

「就是這個！你不需要學習任何死亡的技術！你現在的心境，就足以讓你與任何劍士匹敵。等一下見到那位亡命之徒，請你這樣做：首先，想像自己正要為客人奉茶。鄭重地向他問候，並且為你的延遲道歉，告訴他，你已經準備好一決死戰。脫下你的外套，仔細摺好，把你的扇子疊放在上面，就像你平常沏茶的時候所做的一樣。接著將長手巾綁在你的頭上，用繩子紮好你的袖子與褲腳。如此一來，一切都已就緒，可以開始辦正事了。拔出你的劍，將它高舉過頭，做出隨時可以砍倒敵人的架勢，然後閉上眼睛，集中心神，準備戰鬥。當你聽到對手攻擊前的叫喊，就揮劍砍他。結果，你們或許會同歸於盡吧。」

茶人深深向主人致謝，回到與對手相約的場所。

茶人忠實、仔細地實行劍士建議的每一個步驟，心態完全就像要為自己的朋友奉茶。當茶人在浪人面前舉起劍，浪人看到和先前完全不同的另一個人。他找不到呼喝的時機，因為他不知道該攻擊茶人的什麼地方，該怎麼出手。現在茶人在他眼裡看來，就像「無懼」的化身，「無意識」的體現。浪人無法前進，反而一步一步向後退，終於大叫出聲：「我輸了！我輸了！」他扔掉劍，匍伏在地上，哀求茶人原諒他的無禮，急急忙忙逃走了。

關於這個故事的歷史根據，我沒有資格作任何斷言。在這裡我想要陳述的是，這個故事（以及其他相同性質的故事）背後普遍的信念。那就是，在精通一項技藝所需的一切具體技術或方法論細節底下，有某些直觀，直接碰觸到我所說的「宇宙無意識」。雖然這些直觀分別屬於各種不同的技藝，但它們並非各自獨立、彼此無關，而是來自同一個根源性的直觀。日本人普遍堅信，劍士、茶匠、以及其他技藝領域中的大師所獲得的直觀，只不過是同一種偉大經驗的具體運用。人們還沒有徹底分析這個信念，還沒有給予它科學的基礎，但他們知道這個經驗是一種深入無意識的直觀洞察，它是一切創造力、一切藝術衝動的泉源，是超越生死輪迴、超越所有無常型態之「真實」。終極來說，禪師們從佛教「空」與「般若」的教義得到他們的哲學，以「生命」——也就是「無生死之生死」——來描述無意識。因此對禪師來說，最終的直觀是超越生死，抵達無懼之境。當種種奇蹟完成，他的「悟」將在這個境界成熟。那個時候，「無意識」將允許它幸運的弟子、各種技藝的大師們，瞥見無限的可能性。

Zen and Japanese Culture

# 第七章 ● 禪與俳句

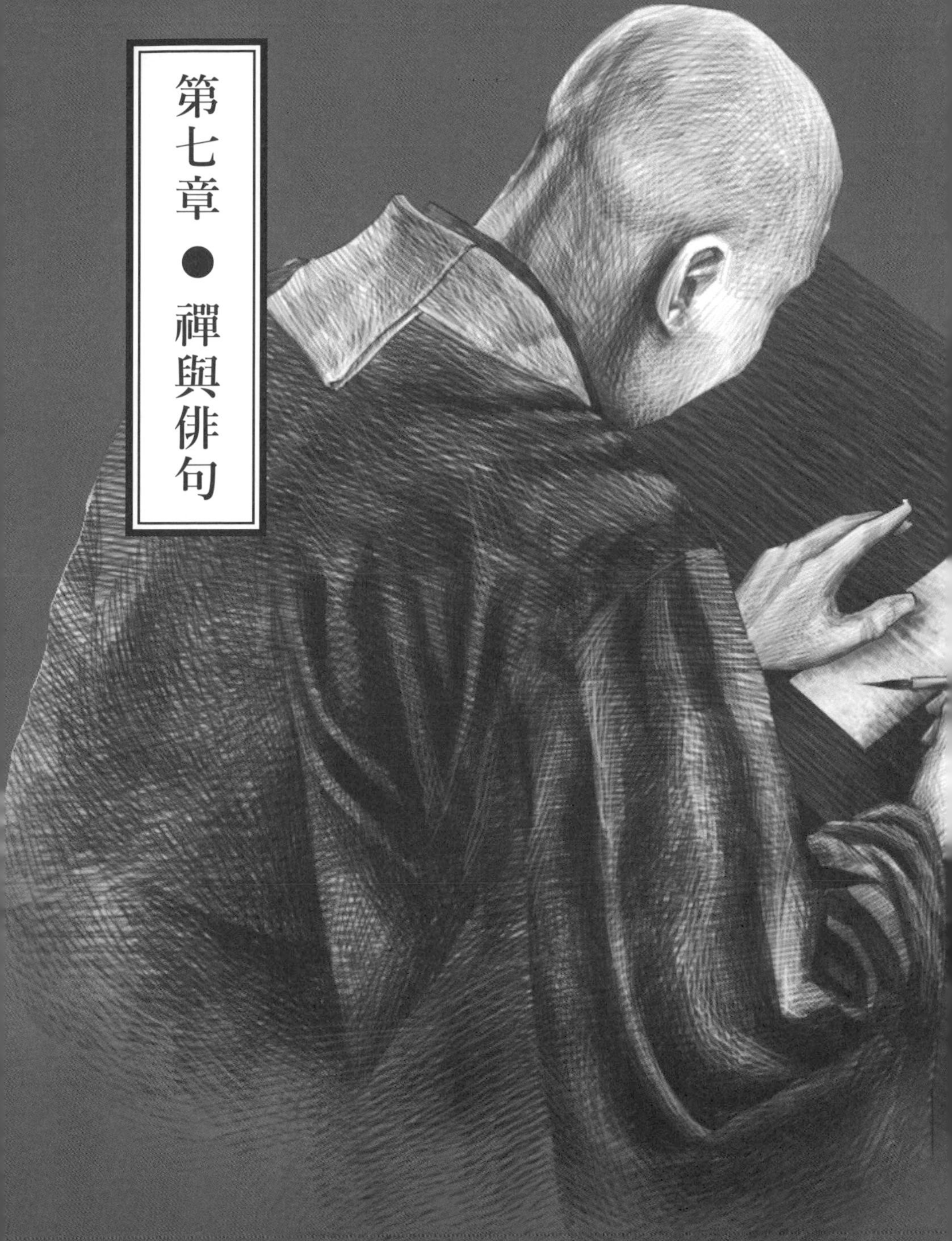

離開佛教，無法談論日本文化。因為在日本文化發展的所有階段，我們都能以某種方式，看到佛教情感的存在。事實上，沒有任何一個日本文化的領域未曾受到佛教的洗禮。這個影響是如此普及，以至於生活在其中的我們，絲毫沒有意識到它的存在。自從西元六世紀正式引進以來，佛教就一直是形塑日本文化史最具啟發性的因素。而我們幾乎可以斷言，佛教被介紹到日本來，是出於當時統治階級的希望，藉以發展文化與鞏固政權。

無論實情如何，佛教與日本這個國家合而為一，快速且無法阻擋。雖然純粹從宗教的觀點來看，這樣的政教合一是否有益於佛教精神的健康發展，值得懷疑，但歷史的事實就是如此——佛教與歷代政權徹底融合，從各方面幫助他們推展政策。而因為日本文化的資源通常掌握在上層統治階級的手中，佛教本身帶著貴族主義的型態，也是自然的事。

如果想知道佛教如何深入日本人的歷史與生活，只要想像所有的寺廟、以及寺廟內收藏的寶物盡數被摧毀即可。這樣一來，僅管有美麗的大自然與和善的人民，日本無疑將成為一片荒蕪。整個國家看起來，就會像是一幢頹圮的廢屋——沒有傢俱，沒有繪畫，沒有屏風，沒有雕塑，沒有織錦，沒有花園，沒有插花，沒有能劇，沒有茶道——我們可以繼續想像下去。

# 一

為了將我的討論集中在禪對日本文化的影響——或許更恰當的說法是，禪與日本文化的關係——我應該再次簡短地敘述，禪宗佛教特別吸引日本人心靈的幾個特質。

一般來說，禪的哲學來自大乘佛教，這一點沒有疑問；但禪有其獨特的理解與實踐的方法。這個方法就是直接洞察我們自身存在的奧秘；而根據禪的看法，那就是實在本身。於是禪建議我們，不要墨守佛陀的教誨（無論語言或文字），不要相信超越我們自身的、更高的存在，不要奉行苦行修煉的戒律，而要求我們深入自己的存在，獲取內在的經驗。這是一種直觀式的理解，也就是「悟」的經驗。沒有「悟」，就沒有禪。禪與「悟」是同義字。因此如今「悟」的重要性，被視為禪所獨有。

「悟」的原則，就是不依賴概念以抵達事物的真理。概念對於界定事物的真理是有用的，卻無法使我們親身認識它。概念化的知識或許可以讓我們聰明，但這樣的聰明只是膚淺表面的。它不是活的真理本身，所以其中沒有創造性，只不過是死物的堆積。在這個面相上，禪完美地迴響著東方思想的精神。

東方的心靈是直觀的，西洋的心靈是邏輯的、論辯的——這樣的說法有其真實性。直觀的心靈有其弱點，這是真的；但它最強的長處，顯現在處理生命最基本的事物上，也就是與宗教、藝術、形上學有關的事物。特別是禪，在「悟」之中驗證了這樣的事實。生命與事物的終極真理，普遍必須以直觀、而不是概念的方式來捕捉，而這種直觀的理解不但是哲學、也是其他所有文化活動的基礎。這個觀念，是禪宗佛教對日本人藝術鑑賞的涵養所提供的貢獻。

禪與日本人的藝術概念之間的精神上的關係，就建立在這裡。不論我們使用何種定義，這關係來自對生命意義的領略。我們也可以說，生命的奧秘深深進入藝術的構成之中。因此，當藝術以極深刻、極具創造性的方式呈現出生命的奧秘，它將我們推入本身存在的深處；這時候藝術成為一種神蹟。那些最偉大的藝術作品，不論是繪畫、音樂、雕塑或詩，都具有這樣的特質——彷彿出自神的手。當藝術家處於創造力的高峰時，他化身為造物主的代理人。藝術家生命中這個極致的時刻，以禪的用語來表現，就是一種「悟」的經驗。以心理學來說，「悟」就是意識到「無意識」。藝術總是包涵著某種無意識的成分。

因此，我們無法經由尋常的教導或學習方式，得到「悟」的經驗。「悟」需要特有的技術，以指出我們內在那無法以智性分析的奧秘。生命充滿奧秘。我們可以說，只要是有神秘感的地方，就有禪的存在。藝術家們說它是「神韻」或「氣韻」，也就是精神的韻律，對於「悟」的掌握。

「悟」拒絕被包含在任何邏輯範疇之下，而禪則提供我們一種實現「悟」的特殊方法。概念知識有它的技巧，一種進階式的方法，引導我們一步一步前進。但它無法讓我們觸及存在的奧秘，生命的意義，以及我們周遭事物的美。一個人若不能洞察這些價值，就不可能成為任何事物的巨匠或藝術家。每一種藝術都有其奧秘，其精神的韻律——日本人稱之為「妙」。我們已經看到，這就是禪與所有部門的藝術緊密相連之處。真正的藝術家就像禪師一樣，是知道如何理解、欣賞事物之「妙」的人。

在日本文學中，「妙」有時被稱為「幽玄」或「玄妙」。有些評論家主張，所有偉大的藝術作品都體現了「幽玄」，讓我們在這無常的世界中一瞥永恆，窺見真實的秘密。在「悟」閃耀之處，創造的能量湧現；當我們感受到創造的能量，藝術散發著「妙」與「幽玄」的氣息。

「悟」具有某種特別的佛教聲響，因為它穿透佛教的真理——這真理攸關事物的真實，以及生命的奧秘與意義。當「悟」以藝術的方式表現它自己，所產生作品將隨著「精神的（神的）韻律」（氣韻）震動，呈現「妙」（或者說奧秘），讓我們瞥見那深不可測的，也就是「幽玄」。於是，禪在所有類別的藝術上，大大地幫助日本人碰觸到神秘的創造衝力。

## 二

我們無法以智性的分析、體系化、或是有意識的策略，來捕捉「奧秘」。於是我們可以得出一個結論——借用基督徒的話語——「悟」是神的奇異恩典，也是藝術天才的專利。不過，禪發展出一種獨特的方法，讓每一個平凡的心靈都可以開「悟」。這使得禪與其他佛教宗派截然不同。但是，這所謂禪的「方法」，並不是尋常意義下的「方法」。有時候它「粗暴」得可怕，既不科學，也「非人性」。

傳說母獅在小獅子出生幾天後，會將牠們丟到懸崖底下，看看牠們是否有足夠的獨立心與勇氣，自己爬上來。如果牠們做不到，母獅就不再管牠們，因為牠們不配做獅子。本書先前也曾經提到，某個盜賊以「非人性」的方式教導兒子偷盜的技藝，看他是否不辱家業，這和母獅有異曲同工之妙。那時候我們也描述了劍士修煉的方式。這就是禪的方法論原理：一個人透過外在手段所得到的任何技藝或知識，都不是他自己的東西，本質上不屬於他。只有那些從他的內在發展出來的東西，才真的是他自己的。而只有當他窮盡一切智能與有意識的思考，他的內在才會揭示那最深的秘密。的確，天才是天生的，不是做出來的。但除非經歷嚴格、嚴厲的修煉過程，天才不可能發揮到極致。禪的「天才」沈睡在我們每一個人之中，要求覺醒。這個覺醒就是「悟」。

一般來說，「悟」出現在一個人山窮水盡的時候。他從內在感覺到，為了讓自己的技藝成熟，他還需要一些東西，不管那是什麼。技術上來說，他已經沒有什麼可以學習的了；但如果他真的獻身自己選擇的領域，如果他對自己真誠，他必定會感到不安。這個不安來自他無意識中的某些東西，如今蠢蠢欲動，渴望走到意識的開闊地區。以今日可見的禪的修行方式來說，學徒要面對的是師父與公案。其他藝術領域或許有各自不同的經驗，但有一些模式是共通的。

讓我們來看看一個開悟的例子。這是一位修煉槍術的和尚的故事。

寶藏院流的槍術名家們使用一種特殊的槍，是該流派創始人，華嚴宗的胤榮和尚（一五二一至一六〇七）所發明的。胤榮也是寶藏院的僧侶。這種槍有一對新月形的橫刃，從槍頭的中段附近，向左右兩端突出。相傳胤榮和尚之所以設計出這樣的槍頭，有其典故。胤榮習慣於晚上，在寺院的廣場上練習槍術。練習的時候他心裡最牽掛的，並不是精通使槍的技巧，因為他早已是位槍術的名家。胤榮追求的，是實現一種完全合一的心靈狀態——胤榮本身與他的槍，人與器具，主體與客體，行動者與行動，思想與行為的合一。這樣的合一稱為「三摩地」（日文稱為三昧），那正是這位槍僧每日練習的目標。一天晚上，胤榮在來回刺槍的時候，偶然發現新月與他閃閃發光的槍頭交疊，正好在湖中形成十字型的倒影。這個意象成為他突破二元論意識的契機。據說在那一晚的經驗之後，胤榮就為他的槍頭加上了一對新月形的橫刃。不論事實如何，重點是他的領悟，而不是他的發明。

這位寶藏院僧侶的體會，讓我想起佛陀的經驗。佛陀的「悟」發生在他仰望晨星的一個清晨。他已經靜思冥想許多年；他的智性研究沒有為他帶來精神的滿足；他熱切盼望能夠發現——如果可能的話——那存在於他人格深處的某種東西。凝視著星星讓他意識到，他尋找的東西就在他裡面。於是他成為佛陀。

胤榮穿透了槍的操作，成為這項技藝的「名人」。「名人」不只是個專家；

「名人」走得更遠，遠遠超過技藝最高程度的精通嫻熟。不論他追求的是何種技藝，他獨特的人格都將使他出類拔萃。日本人稱這樣的人為「名人」。沒有任何「名人」是天生的。一個人只有經歷無限的苦行修煉，才能成為「名人」。因為只有一連串這樣的經驗，才能引領一個人直觀技藝的神秘深處。而這神秘的深處，就是生命的泉源。

加賀的女俳人千代（一七〇三至一七七五）想要精進她的技藝，前去拜訪正好來到小鎮的一位當代著名的俳句宗師。千代在友人之間，已經是一位備受讚譽的俳人。但她不能滿足於地方上的名聲——不僅如此，驅使她拜訪這位旅行詩人的，是她在自己的創作活動中所感到的疑惑。她想要知道，是什麼樣的條件，構成一首真正具有詩的精神的俳句，一首值得稱為俳句的俳句。宗師給了她一個通俗常見的題目：「杜鵑」。杜鵑是日本詩人——不論是俳句或和歌——非常喜愛的一種鳥。這種鳥有一個重要的特性，就是只在夜間飛行的時候啼叫，因此人們很難聽到牠的啼聲，或是看到牠飛行的姿態。有一首關於杜鵑的和歌，是這樣寫的：

杜鵑
我向著
啼聲的方向望去
只看到
黎明的殘月

ほととぎす
啼きつる方を
眺むれば
ただ有明の
月ぞ残れる

千代用宗師給的主題試作了許多俳句，但他一一駁回，告訴她那些都只說出了概念，沒有真正的情感。她不知道還能說些什麼，如何真正表達她自己。一天晚上她徹夜苦思，絲毫沒有注意到像薄紙一般的天幕，漸漸地亮了起來。

這時候，一首俳句在她心裡浮現：

不如歸
不如歸
不覺天色漸明

ほととぎす
ほととぎすとて
明けにけり

當宗師看到這首俳句，立刻讚許它是所有以「杜鵑」為題的俳句中，最傑出的作品之一。理由是它忠實地傳達了作者對於杜鵑真實的內在情感；沒有任何為了效果的人工佈局、智性的計算——換句話說，這裡面沒有作者的「自我」，沒有榮耀自己的企圖。俳句就像禪一樣，唾棄任何形式的自我主義。藝術作品必須完全免於任何欺騙、算計與隱瞞。藝術靈感、與接收藝術靈感的心靈之間，不應有任何擔任仲介的第三者。作者必須是全然被動的工具，他的任務只是提供靈感表現的管道。靈感就像莊子所說的「天籟」。藝術家應該聆聽的對象是天籟，而不是人。當天籟降臨在某個人身上，他應該變成某種自動裝置，不加任何人為的干預。讓無意識發揮它自己；因為無意識正是藝術衝動的庇護所，使它遠離我們膚淺的、功利的生活。禪也居住在無意識裡。在這裡，禪能夠提供所有類別的藝術家莫大的幫助。

千代對「杜鵑」的徹夜冥思，打開了她的無意識。在這次的體驗之前她一向所做的，是針對俳句的主題進行各種構想，因此她的作品總是沾染著某種程度的造作或小聰明，和真正的「詩」沒有關係。千代第一次瞭解到，一首真正具有詩性、具有創造力的俳句，必須是內在情感的表現，不能有任何自我參雜其中。在這個意義下，一個俳人必須同時是一位禪人。只不過詩人的「悟」是藝術性的，禪人的「悟」則來自形上學的背景。前者的「悟」可以說是部分的，後者的「悟」則涵蓋了一個人的全部存在。藝術性的「悟」很可能無法穿透藝術家的人格整體，因為它很可能停滯於我所說的，無意識的藝術的一面。

不論無意識有哪些面相，除非一個人經驗到三摩地（或者說三昧），是無法汲取它們的。那是「一心」、「心注一處」（ekagrata）的狀態，也就是專注。只有當藝術家即使在擁有一切技術性的知識後，仍然真誠忠實地追求藝術的完全掌握，才能達到這個境界。若是沒有真誠與忠實，任何藝術家都不可能具有原創性。只有真誠與忠實，或是全心的奉獻，能讓一個藝術家登上階梯的頂端。一個人在充分發展其整體存在之後所能到達的境界，光憑藉「天賦」是無法成就的。不論多麼平凡，每一個人的內在，每一個人的無意識中，都潛藏著某些被膚淺的意識層次所遮蔽的能力。為了喚醒這樣的潛能，為了讓這樣的潛能創造出對人類世界有價值的事物，我們必須盡最大的努力，並且讓自己徹底免除自私自利。一個人若是要抵達他存在的堅實基礎，就必須徹底洗淨他無意識中的自我主義；因為「自我」甚至能穿透我們俗稱的無意識。我們必須讓「宇宙無意識」——而不是「集體無意識」——毫無保留地顯現它自己。這就是為什麼禪如此強調「無心」、「無念」。在無心無念中，我們將找到無盡的寶藏。

## 三

在更進一步的討論之前，我必須告訴你俳句是什麼。俳句是這世界上所能找到的、最短的詩的形式。一首俳句僅由十七個音節構成，而就在這短短十七個音節之中，鑄入了某些人類最高尚的情感。有些讀者或許會懷疑，這麼短的一串文字，如何能夠表達任何心靈深層的悸動？米爾頓（John Milton）不是寫了《失樂園》嗎？甚至連華滋華斯（William Wordsworth），不也寫了《不朽的暗示》？但我們必須記得，「神」僅僅說了，「要有光」。而當世上有了光，祂只說，光是「好」的。聖經告訴我們，世界就是這麼開始的。從此這世界上不斷發生各種戲劇化的事件，但它的肇始就是這麼簡單。「神」用了還不到十個音節，祂的創作就成功地實現了。當摩西問神，如果他向人民傳達神的訊息，該怎麼稱呼神的名？神說，「我就是我」（I am who I am.），「我就是神」。

這難道不是這個世界上最壯闊的發言？不要說那是神的言語，不是人說的話。我要說，記錄下這些神的話語的是人，而不是神。記錄者才是「我就是我」，而不是發話者，因為發話者屬於過去，屬於歷史的邊境。但記錄者永遠都在這裡。「我就是我」的是他，而不是別人。在任何情況下，俳句篇幅的短小，和它內容的意義與重要性毫無關係。在生與死的關鍵時刻，我們只是發出一聲叫喊，或是採取行動；這種時候我們從不爭辯，從不委身於長篇大論。情感拒絕被以概念的方式處理，而俳句不是智性作用的產物。所以它那麼短小精煉，所以它意義重大。讓我們來看看幾個俳句的例子。芭蕉（一六四四至一六九四）是近代俳句的創始者。他的這首作品，被認為是近代俳句運動的開端：

古池や

古池啊
青蛙飛身躍入
水的聲音

蛙とびこむ
水の音

這首詩短得不能再短。「這真的能算是詩嗎？」或許有人會問。「它所說的，有什麼來自我們的存在深處，值得傳達的訊息？老池塘，跳起來的青蛙，水花濺起的聲音，這些和詩的精神有什麼關係？」

讓我們引述一位研究俳句的權威，布里斯博士（Dr. R. H. Blyth）的話：「俳句所表現的，是當下的啟示；我們在其中看見事物的生命。」不論它是不是當下的、一時的，芭蕉給予這十七個音節，對真實的重要直觀。

布里斯博士繼續說下去：「每一件事物，都從未間斷地向我們諭示著世間的萬法（Dharma）。但事物所諭示這個的『法』，和事物本身並無不同。俳句就是此諭示的顯現，向我們呈現事物本然的面貌，不受我們心智、情緒的扭曲或變色。或者更恰當的說法是，俳句呈現出同時存在於心靈之外與之內的同一事物。完全主觀的我們本身，和對象不能分離；對象則和我們保持最原始的一體狀態。……俳句是一種回到自然的方式。月亮的自然，櫻花盛開的自然，枯葉的自然——簡單地說，回到我們的佛教的自然。冰冷的冬雨，夜裡的燕子，甚至是耨熱的白晝，夜晚的漫長，都得到了真實的生命，分享了我們的人性，訴說它們自己的靜默與饒富表現力的語言。」

布里斯博士所說的月亮的自然、櫻花盛開的自然等等，只不過是事物的「如其所是」。用基督教的語言來說，就是在天使身上，看見上帝顯現為天使，在跳蚤身上，看見上帝顯現為跳蚤。芭蕉在一隻青蛙跳進古老池塘時所發出的聲音中，看到了這一點。在芭蕉的耳中，這個來自古池的聲音，充滿了整個宇宙。不僅周遭的環境整體被吸收、消失在這個聲音之中，芭蕉本身在他意識之中的痕跡，也被完全抹除。主體與客體，即自（en-soi）與對自（pour-soi），不再彼此對抗、相互制約。然而，這並非萬物滅絕的狀態。芭蕉還在，古池還在，所有其他的一切也都還在。只不過芭蕉已經不是原來的那個芭蕉，他已經「獲得重生」。如今他就是「那聲音」，「那話語」，遠在天地分離之前即已存在。他體驗到「存在－生成」與「生成－存在」的奧秘。池塘不再是池塘，青蛙不再是青蛙。在芭蕉眼裡，它們被裹覆在神秘的面紗中，然而神秘的面紗並不存在。如果芭蕉想要向其他人傳達他的經驗，他無法避開這個矛盾；然而在他之中，一切都是透明的，沒有任何雲霧遮蔽。話雖如此，俳句就是俳句，禪就是禪，不可混為一談。俳句有它自己的領域。俳句終究是詩的一種；只不過當它與禪產生關聯的時候，分享、參與了某些禪的要素。

我要再舉出一個很好的例子，來說明俳句與禪的關聯。在我們的詮釋之下，芭蕉的《古池》或許幾乎可以說是充滿了過多的「禪」，但接下來的這首俳句則表達出禪、俳句、以及作者人格中的人道主義特質，三者絕妙的融合。當芭蕉在「奧之細道」旅行的時候，偶遇兩位正要前往伊勢神宮的賣春女，他們投宿在同一家客棧。在聽過她們可憫的身世之後，芭蕉寫下了這樣的一首俳句：

一個屋簷下
風塵女也已入眠
胡枝子與月

**一家に**
**遊女も寝たり**

萩と月

這裡需要相當大量的解釋，才能讓那些不清楚十七世紀日本的社會狀況，或是從未見過秋夜的明月下、叢叢盛開的胡枝子花的讀者們，充分了解這首俳句的含義。一個孤獨的、漂流的詩人，帶著某種疏離。他遇見兩位賣春女，她們打算前往祭祀日本民族祖靈的伊勢神宮參拜。詩人聆聽她們悲慘、痛苦、業報的故事。他對她們充滿同情，但不知道在這個狀況下自己能做什麼；一切似乎都已命定。人類的邪惡，道德的憤怒，個人的無助。雖然帶著這所有的情感，芭蕉終究是個自然詩人。於是他將賣春女、他自己、胡枝子花與月亮，一起放入超驗主義（transcendentalism）的自然框架裡。結果，就構成了這首十七個音節的俳句：

一個屋簷下
遊女們也已入眠
胡枝子與月

賣春女不再是墮落人性的樣本，她們和質樸純美的胡枝子花，一起被高舉到超驗的、詩的層次。月光無偏袒地同時照著善與惡，美與醜。這裡沒有概念化的企圖，卻揭示了「存在－生成」的奧秘。

在芭蕉之前，俳人們只知道耽溺在文字的遊戲中。這使得芭蕉決意提升俳句的層次，讓它獲得尊嚴。我們可以說，俳句在許多方面反映出日本人的性格。首先，日本人不輕易沈溺於長篇大論。他們不喜歡爭辯，忌避智性的抽象概念。他們比較傾向直觀，希望如實地陳述事實，而不加評論——不論是情感上或概念上的意見。他們奉行一個信條：「神ながらの道」——「將事物交付予神意」，不加人為的干預。這個信念與佛教教義中的「真如」（tathata）相符；以日文的口語來說，就是「そのまま」。「そのまま」（或「このまま」）是終極的真實（reality）本身。不論我們人類如何激烈地、必死地掙扎抵抗，永遠都不能超越它。唯一我們能做的，就是寫一首俳句來認知這個事實，不去追問理由或原因。我們可以說，這是一種順服屈從。但日本人並不抱怨，或是像大多數西洋人那樣咒罵；他們只是愉快地接受，帶著一點幽默。

# 四

日本人最顯著的一個特徵，或許是關注自然中的小事物，溫柔地照料它。與其高談闊論偉大的理念或高度抽象的思想，他們寧願栽植菊花或牽牛花。而當季節來臨，他們愉悅地看著花朵如願地綻放。如果我列舉出俳人們珍愛的主題，讀者們或許會覺得它們完全配不上「詩人」這個可敬的行業。我懷疑，西方的心智是否曾經因為這些微不足道的生物，而感受到詩性？

## 一、蕉葉上的一隻雨蛙

雨蛙
乘坐在芭蕉葉上
微微顫抖

雨蛙
芭蕉に乗りて
戦ぎけり

不論作者其角（一六六〇至一七〇七）想要描寫的是什麼，首先我看到是雨蛙開始在庭院四處蹦跳的季節，新鮮翠綠的蕉葉寬闊地舒展。那是春天。大雨過後，這隻雨蛙或許剛從巢裡出來——雖然雨蛙通常喜歡浸潤在雨水裡。現在牠乘坐在蕉葉的葉尖，整片葉子因為這小生物的重量而顫抖。如果小雨蛙坐在靠近莖部的地方，這蕉葉是夠寬、夠強，足以支撐牠的重量的。但「乘坐」與「顫抖」暗示著這寧靜的春日庭院中，生命的動態。庭院中的一切都是綠色的，只在光影下顯現微妙的深淺。雨蛙與蕉葉的綠色，形成了對比。

## 二、被雨浸濕的猴子

初冬的細雨
連小猴子

也想要件蓑衣吧

初時雨
猿も小蓑を
欲しげなり

芭蕉必定是在穿越山徑的時候，看到坐在樹枝上的小猴子，完全浸濕在冰冷的雨水裡。這可憐的景象使芭蕉動了惻隱之心。但我覺得，這裡面有某種比純粹的感傷更為深刻的東西。孤獨的詩人——雖然也像那猴子一樣，想要一件遮雨的蓑衣——從這場驟雨，感受到寂寥的寒冬逐漸接近。在中國的哲學裡，冬天象徵了陰性原理的極限。宇宙被剝除了一切外顯的繁榮，在它裡面儲存著下一個季節所需要的所有創造力。芭蕉這個「孤獨的旅人」，從即將到來的冬季，感受到他自己。這是一個懷抱著永遠的渴望的生命。

## 三、「最拙於言辭的事物」——無名的小花

一叢小草啊
也不知叫什麼名
潔白地綻放

**草叢や**
**名も知らぬ**
**白く咲く**

這是正岡子規（一八六九至一九〇二）的作品。他是最靠近我們這個時代的俳人之一。雖然子規並不盲目追隨芭蕉，甚至經常批評芭蕉是個過度的主觀主義者，但這首描寫白色花叢的俳句，與芭蕉描寫「薺」的作品，有著某些共同之處。雖然子規沒有說自己像芭蕉那樣「細心看去」（這或許可以說是芭蕉

的「主觀主義」），但子規的詩句確實迴響著芭蕉的「感情主義」——如果我們可以用這個詞來描述「坍塌牆腳的花」，或是聖經中的「野百合」的話。「也不知叫什麼名」意味著「微不足道」，「卑微」，「明天就丟在爐裡」。我們不得不用這個稱號，來稱呼所有存在的事物，不論它是大是小。因為所有的事物都不值一提，都沒有任何價值，直到它與存在的整體連結。用基督徒的話來說，直到它蒙受神的恩典。芭蕉在這樣的光線下，看到牆腳的薺菜花；而我認為子規也是在同樣的光線下，在遍地的野草中，看到「那白色的花叢」。

## 四、壺中的章魚

壺中的章魚啊
做著短暫的夢
夏夜的月

**蛸壺や**

はかなき夢を
夏の月

日本的漁夫們有一種獨特的捕章魚的方式。他們將一種特製的壺沈入海底，章魚以為那是個安全的藏身之處，自動爬到裡面躲起來。當章魚在裡面睡著了——說不定還做著好夢——巧手的漁夫把壺，連著裡面的章魚，一起拉上來。這就是我們所說的，人類的聰明。我們運用這種聰明讓自己活下去。不但如此，當這種聰明發展成為「系統化知識」，我們還拿它來摧毀彼此。我們以為，這些可憐的、陷阱裡的章魚，在夏夜的月光下兀自做著「短暫的夢」。當我們為了互相殘殺而設計、發明出各種「奇妙精巧」的武器，誰能說人類不是聰明絕頂？但又有誰敢說，這不是「在夏月下做著短暫的夢」？日文的「儚い」不只意味「短暫的」，還有「無益」、「無用」、「無謂」、「無價值」的意思。不只章魚在漁夫的壺裡舒服地做夢，我們每一個人，包括那漁夫在內，都做著毫無意義的夢。如果沒有「如是」的月光拂照——不論是哪個季節，夏天或冬季——我們在這地上的存在，除了「虛空的虛空」，什麼也不是。就像〈傳道書〉

的叫喊，「人一切的勞碌，就是他在日光之下的勞碌，有什麼益處呢？」

## 五、一隻閃爍著飛行的螢火蟲

大螢火蟲
搖搖曳曳地
經過

大蛍
ゆらりゆらりと
通りけり

「ゆらりゆらりと」是原生的日本語，布里斯博士將它翻譯成「waveringly」，意思是「搖曳不定」。但我不確定「ゆらりゆらりと」是否能精確地翻譯成其他語言。它是一個疊聲詞，比較訴諸我們的感覺、情感，而

不是智性，因此無法轉換成抽象的概念。中國語與日本語都有許許多多、豐富的疊聲詞，顯示使用這些語言的人，並不像大多數的西方人那樣，那麼習慣抽象的思考方式。它同時也顯示東方人的生活，比起那些發展出高度分析與抽象系統的人民，更貼近真實（reality）的原初經驗。或許沒有任何一個英文字，能夠等同於「ゆらりゆらりと」。「waveringly」「unsteadily」「unreliably」「discontinuously」「fluctuatingly」「vibratingly」「unquietly」——這些都是概念。雖然「ゆらりゆらりと」無疑形容一種非連續的動作，但它的意涵遠多於此。它還暗示著自由、無罣礙、有尊嚴的情感，不受任何外在事物催促，從容不迫地走著自己的步伐。當這些感覺與代表動作的動詞「通りけり」——「經過」——聯結在一起，這隻螢火蟲（不是小的，而是巨大的螢火蟲）使我們心中浮現一個活得自由、無懼、有尊嚴的個人，帶著某種超然的氣氛。在空中飛過的螢火蟲，並不執著於地面，並不沾染它的髒污。據說作者小林一茶（一七六三至一八二七）花了幾個月的時間反覆琢磨這首俳句，直到它成為今天我們看到的樣子。然而它看起來卻是這麼流暢自然，彷彿是在瞬間靈感下的即興之作。

藉著這個機會，我想稍微談一下疊聲詞，以及其他類似的副詞表現的自由運用。這些詞彙給予中國語與日本語在表達某些特定的經驗時，一種莫大的優勢。當這些詞彙被轉譯成概念化的、以智性明確定義的詞語，將失去它們原本豐富的韻味，以及想像的深度、迷人的朦朧。讓我們以老子與莊子對「道人」的描述為例，只要比較其中文的原文，以及英文版的翻譯，很容易就可以明白這一點。英文版讀起來多麼乏味無趣，欠缺個性！東方民族有時候被批評為缺乏哲學思考的能力，以及分析的精確性。這也許是真的，但他們對於真實（reality）本身的體驗，卻遠遠更為豐富；而真實，是不能用邏輯的矛盾律（非非即是）來截然定義的。有人告訴我，物理學家們正嘗試著使用互補性的概念；這個概念認為，一個徹底排除敵對理論的理論，無法解釋所有的事物。不論我們是否以邏輯的方式理解生命，能否以機械的方式控制生命，生命都將繼續。雖然這並不表示我們應該放棄所有這些企圖，但我們必須承認，生命中有某些奧秘，超乎我們的智性所能掌握。一隻巨大的螢火蟲搖搖曳曳地飛過我的窗前——這裡面包含了所有我們相對主義的審視所無法理解的事物。

## 六、水中的落葉

水底的
岩石上靜靜棲息
樹木的葉子

水底の
岩に落ち着く
木の葉かな

這是芭蕉的重要門徒之一，內藤丈草（一六六一至一七〇四）的作品。我們大多數人看到秋天的落葉在河流中的岩石上找棲身之處，不會有任何想法。這很正常，也很膚淺。它們褪去了一切顏色。當它們還懸掛在樹上時所染上的黃色或紅色，已不復可見。它們曾經被強風吹上吹下，飄落到這裡、那裡，在庭院的角落，在屋頂上。而今它們終於安頓下來，在水中，在岩石之上。或許前方還有更深的寂滅等著它們，但是在詩人眼裡，它們安靜地休憩，彷彿這是它們最後的歸宿。詩人沒有想得更多。他只是看到它們在那裡，沒有暗示任何自己的想法。但就是詩人的沈默，使得這首詩充滿表情。我們也和詩人一同佇足，卻感覺到某些遠遠超過我們話語所能的事物。這是俳句的最佳境界。布里斯博士在這裡看到事物的「真如」（suchness），我則看到存在的奧秘。

## 七、蝨子、跳蚤、馬廄

跳蚤與蝨子
馬兒尿在
我的枕畔

蚤虱
馬の尿する
枕もと

這是一個奇怪的組合。如果這些東西給我們什麼感覺，那完全是噁心、不愉快、令人嫌惡的。除了這些，芭蕉還從這樣的環境裡，感受到什麼別的東西？這裡面到底有什麼激發了他的詩興？耐人尋味。

這首俳句有個前奏。芭蕉在「奧之細道」的旅途中，偶然停留在一幢破敗的山中小屋。雨已經連續下了三天三夜。可憐的孤獨旅人除了在破屋中耐性等待，無事可做。但再怎麼說，他是個詩人。讓我們引用布里斯博士對這首俳句的評語。他的評語充滿啟發性，顯示這位評論家有多麼了解俳句的精神。

「芭蕉的詩句必須以最寧靜的心靈閱讀。如果你的心已經被厭煩、嫌惡的感覺佔據，那你將誤解芭蕉的用意。跳蚤使人不快，蝨子是骯髒的，馬在我們躺臥的地方尿尿，給人的只有不舒服的感覺。但就在這裡面，透過這一切，我們感受到整體。在整體之中，尿液與香檳，蝨子和蝴蝶，都有它們預定的、必要的位置。

這當然不是芭蕉有意表達的；芭蕉只是說出他的經驗。但我們感興趣的是他的詩性經驗。他的詩性經驗和現實經驗是不同的東西，但在某種意義下，卻是一樣的。有時候（不一定總是如此）我們對事物單純的、基本的經驗，不論其來自蝨子或蝴蝶，馬兒小便或老鷹翱翔，具有一種深刻的意義。這個意義不是來自超越這些事物的某種東西，而是來自事物本身的本質。但我們必須和這些事物共度一晚、一天，甚至三天，才能理解。我們必須又冷又餓，為跳蚤所苦，熟悉孤單、哀傷與悲痛。芭蕉的詩句不是要表現他的抱怨或反感，雖然他一定是很受打擾，很不舒服。它表現的既不是哲學式的超然（無關心），也不是對蝨子、污泥、失眠的愛——那是不可能的東西。那麼，它要表現的是什麼？那是一種『即使是這些事物，也是……』的情感。然而，如果有任何人試圖完成這個句子，那他並不了解芭蕉真正的意思。」

以上我們所說的，是日本俳句詩人喜愛的一些題材。當然，月亮與太陽、暴風與怒濤、山與河——所謂自然壯闊的一面——也吸引他們的關心，但我在這裡想要強調的是，日本人對那些通常受到西方人忽視的、自然界的微小事物，所具有的感受性。我還希望指出，這些不重要的、不體面的生物，和宇宙整體的規劃，有親密的關係。日本的神秘主義精神，並不因為它們對人類來說——或是對神的旨意來說——過於卑微，而忽視它們。這不只是女性纖細的感傷主義。這是禪走進來，與俳句攜手之處。

## 五

古池啊
青蛙飛身躍入
水的聲音

古池や
蛙とびこむ
水の音

人們說，這是芭蕉為十七世紀日本俳句世界所敲響的，第一聲革命的警鐘。

在芭蕉之前，俳句只是一種文字的遊戲，除了愉快的玩鬧，沒有任何更深刻的內容。芭蕉對「古池」所說的這幾句話，給了俳句一個全新的起點。傳說中，芭蕉創作這首俳句的故事是這樣說的：

芭蕉在佛頂禪師門下習禪。有一天佛頂來看他，問道：「這幾天過得如何？」

芭蕉回答：「下了這陣子的雨，青苔生得更綠了。」

佛頂射了第二箭，試探芭蕉對禪的理解的深度：「青苔生得更綠之前，有何佛法？」

佛頂提出的這個問題，足以和基督的話語匹敵：「我比亞伯拉罕更早。」禪師想要知道，這個「我」是誰？對基督徒來說，神斷言「我就是我」，即已足夠。但是對禪來說，這個問題非問不可，而且要求更具體的答案。因為，這是禪的直觀的主要部分。於是佛頂問道：「在世界開始存在以前，有什麼東西？」換句話說，「在神說出『要有光』之前，祂在哪裡？」佛頂禪師談的不是最近下的雨，以及更翠綠的青苔；他想知道的是，萬物肇始之前宇宙的風景。什麼是「無時間的時間」？「無時間的時間」是否只是個空洞的概念？如果它不是，我們必定能夠以某種方式，向別人描述。而芭蕉這樣回答：「一隻青蛙跳進水裡。聽那聲音！」

據說，芭蕉當時的回答並沒有第一行的「古池や」，那是他後來為了補滿俳句的十七個音節而加的。現在我們可以問了：「這裡面有什麼革命性的要素，可以標示出近代俳句的肇興？」那就是芭蕉對於生命的本質（nature of life），或自然的生命（life of Nature）的洞見。這樣的洞見，形成了他詩句的背景。他真的參透了萬物的深處，而他在那裡所看到的，顯現為俳句《古池》。

且讓我試著用更明瞭的方式來說明芭蕉，這樣或許可以讓我們這些無趣的、「太現代」的心智理解他。大部分人傾向於將《古池》解釋為對孤寂或是寧靜的描寫。他們會進行這樣一連串的想像：「古老寺廟的土地上，長滿了許多姿態莊嚴的老樹，以及一個遠古以來的池塘。池塘四周圍繞著外表奇特的灌木叢，茂密的枝葉張牙舞爪地伸展著。這樣的環境使得平滑無波的池面，顯得更為寧靜。一隻跳進池塘裡的青蛙，打破了瀰漫的安靜；但牠的打擾，卻讓這靜謐更加突出。濺水的聲音在空氣中迴響；這樣的迴響使我們意識到整體的寧靜。然而，只有那些與世界的精神和諧共鳴的人，這樣的意識才能被喚醒。只有芭蕉這位真正偉大的俳人，能夠賦予這份直觀與靈感，一種可述說的聲音。」

我要再說一次。將禪理解為寂靜主義（quietism）的福音，並以之詮釋芭蕉的俳句，完全錯失了方向。因為，芭蕉的俳句絕對不是對寧靜的頌讚。這樣做犯了兩個錯誤：既誤解了禪，也誤解了芭蕉。關於禪，我已經在許多著書中闡述了我的觀點，就不再贅述；在這裡我只想談談，對於芭蕉的正確詮釋。首先我們必須明白，俳句並不表達觀念，而是呈現出反映直觀的意象（images）。這些意象並不是詩人的比喻，而是直指原初的直觀——它們就是直觀本身。當我們得到直觀，這些意象就變成透明，成為經驗的直接表達。直觀本身是極度直接、個人、立即的東西，難以傳達給他人。只有藉由意象的幫助，它才能夠被表達。然而對於那些從未有過直觀經驗的人來說，想要僅僅透過意象來觸及真實，是非常困難、甚至是不可能的事情。因為他們會將意象轉換成觀念或概念，他們的心智企圖給予這些意象一種智性的解釋，就像某些評論家對芭蕉的《古池》的詮釋一樣。這樣的企圖將徹底摧毀俳句內在的真實與美。

只要還在意識的表層活動，我們將永遠無法免於推論。古池將被視為孤獨與寧靜的象徵。跳進池裡的青蛙，以及水花濺起的聲音，將被當作是一種工具，目的在於增強永恆的寧靜感。但芭蕉這位詩人不像我們活在那裡，他已經穿越意識外層的硬殼，進入那最深的底層，無可想像的領域，進入無意識——甚至是超越心理學家通常認為的無意識。芭蕉的古池橫臥在永恆的另一側，在「無時間的時間」之處。它是如此「古老」，以至於沒有任何事物在它之前。沒有任何意識的尺度可以衡量它。所有事物來自於它，它是這「個別事物的世界」之泉源，但它自身無法被特定化。當我們越過「下雨」和「更翠綠的青苔」，我們來到它跟前。但是當我們以智性想像這件事，它就變成一種觀念，開始存在於這個「個別事物的世界」之外，使自己成為智性思考的對象。只有透過直觀，這個無意識的「無時間性」才能被真正掌握。如果我們假設有一個「空」的世界存在於日常的感官世界之外，那麼這個對真實（Reality）的直觀掌握，永遠不會發生。因為這兩個世界——感官與超越感官的——是同一個世界，並不是分開的。所以，詩人並不是透過古池的靜止，而是經由青蛙激起的聲響，深入看見自己的無意識。沒有那聲音，就沒有芭蕉對無意識的注視。這無意識是所有創作活動的泉源，是所有真正的藝術家汲取靈感之處。要形容意識的這個時刻，是非常困難的。我們可以說意識在那時候停止分裂，或者開始分裂——我們可以用任何這些互相矛盾的詞來描述它，而不會產生任何邏輯上的問題。詩人或宗教天才，是真正擁有這種經驗的人。隨著處理這個經驗的方式不同，它可以成為芭蕉的俳句，或是一句禪語。

從以二元論的方式構成的意識到無意識，人類的心智（mind）可以視為由數個意識層次所組成。第一層是我們通常活動的地方，這裡的一切都是以二元論的方式設定的，分極對立是這個層次的原則。接下來的一層，是半意識的平面；當我們想要的時候，被放置在這裡的事物，可以隨時被帶到完全的意識中。這是記憶的層次。第三層是通常心理學家所說的無意識的層次。遠古以來所有失去的記憶，被貯存在這裡；在心智發生劇烈變動的時候，它們被喚醒。當災難發生——不論是在人為的意圖下，或是意外——那些不知被埋藏了多久的記憶，將被帶到表層。但這個無意識的層次，還不是心智的最後層次。還有一個層次，是我們人格的真正基盤，可以稱之為「集體無意識」，相當於佛教所說的「阿賴耶識」（ālaya-vijñāna），意思是「保存一切的意識」。這種「識」（vijñāna）或無意識的存在，無法以經驗的方式證明；但若是要解釋意識的普遍事實，假設它的存在是必要的。

以心理學的方式來說，「阿賴耶識」或者「集體無意識」可以被視為我們心智生活的基礎。但如果我們想要揭開藝術或宗教生活的奧秘，我們還需要另一種東西——或許可以稱之為「宇宙無意識」。宇宙無意識是創造力的原理，是神的工作室，是貯藏宇宙驅動力的場所。所有創造性的藝術作品，宗教追尋者的生命與渴望，推動哲學家的質問精神——這一切都來自宇宙無意識的源頭。宇宙無意識，正是可能性的倉庫（ālaya）。

芭蕉遇到了這個無意識，而他的經驗在俳句中得到表達。這首俳句不只是謳歌寧靜——世俗生活表層的喧囂底下的寧靜。他的話語指向位於更深之處的某種東西，那同時也是我們在這多樣性的世界所遭遇的事物。我們的世界，因為這「某種東西」而得到價值與意義。若非宇宙無意識，我們這活在相對性王國的生命，將完全失去停泊之處。

現在我們可以明白，為什麼日本的俳句不需要長大的篇幅，不需要雕飾與智巧。它有意地避開觀念化或概念化的構造。當俳句訴諸觀念，它朝著無意識的直接指向將會偏移、受損、中斷，永遠失去它的活力。因此，俳句試著提供我們最適合的意象，盡可能生動地喚醒我們原初的直觀。但對於那些未曾受過完整訓練，不知如何解讀其意義的心智來說，出現、配置在俳句裡的意象，可能是完全無法理解的。以芭蕉的作品為例：那些沒有學過如何鑑賞俳句的大多數人，在古池、跳蛙、濺水聲這些羅列出來的熟悉事物裡，能夠看到什麼？沒錯，這首俳句並非僅僅陳列這些事物，詩裡面還包含了一個感嘆詞「や」（啊），以及一個動詞「とびこむ」（飛身躍入）。但這十七個音節是如此鬆散地連繫在一起，未經啟發的人，恐怕是無法在其中感到任何詩性吧。然而，它卻說出了多麼深刻的、來自直觀的真理！即使排列再多觀念，也無法如此發人深省。

宗教的直觀，通常是由單純的話語傳達的；它們直接、乾脆，沒有任何曖昧。我們在禪裡面，的確可以發現許多充滿詩意的詞句，包含俳句在內。然而一旦它們成為智性分析的題材，哲學家與神學家就開始競相撰寫浩瀚巨冊，一本接一本。同樣地，那些打動俳人的詩性直觀與創作渴望，如果交到其他種類的詩人手上，很容易就會成為更長、更多雕飾的詩。在原創的靈感方面，芭蕉和任何西方的詩人一樣偉大。音節的數量，和詩人真正的品質一點關係也沒有。詩人們使用的媒介——這種選擇是相當偶然的——或許有所不同，但我們評斷事物，根據的是構成該事物的本質，而不是偶然的因素。評斷人的時候，也是一樣。

我想附帶提一件事，也就是仙厓對芭蕉和他的青蛙所做的、有趣的評論。仙厓義梵（一七五〇至一八三七）是九州博多聖福寺的住持。他不只是一位傑出的禪師，還是位畫家、書法家、詩人。他充滿幽默與機智，不論男女老少，來自各種階級的人都喜歡他。有一次他作了一幅畫，畫的是一隻青蛙趴在香蕉樹下。「芭蕉」在日文裡，指的就是香蕉樹；我們所熟知的「芭蕉」，其實是詩人的筆名。然後仙厓在畫的上頭，以青蛙獨白的口吻，寫了一首俳句：

要是有池塘
我就跳進去
讓芭蕉聽聽

池あらば
飛んで芭蕉に
きかせたい

# 六

早晨的牽牛花呀
搶走了桶子
找人要水去罷

朝顔や
つるべ取られて
もらひ水

這是先前提到過的《杜鵑鳥》的作者，加賀千代女（一七〇三至一七七五）的作品。芭蕉的青蛙跳進水裡發出聲音，給了他一個與古池心意相通的機會；

那池塘與永恆一樣古老。而對千代來說，早晨的牽牛花讓她認識了美的真意。

牽牛花、水桶、向人要水，這三者之間有什麼關聯？我想這需要一點解釋。古時候，特別是在鄉下，提供家庭日常用水的井，一般位於屋子的外頭。人們用吊桿上的水桶，從井裡汲水。一個夏末的早晨，詩人千代發現牽牛花的蔓莖爬上了井邊的水桶，纏繞住它，並且開了一朵花。她深深受到這景象之美震懾，一時間忘記了她的任務。當她終於回過神來，才想起自己需要打水來做早上的工作，也許是廚房裡的活兒。但她不願意打擾那朵花兒，於是到鄰居家借水。這是日常生活中微不足道的一件小事，極可能發生在任何一個地方，在任何一個夏末的早晨。

有些人或許會主張，這裡面根本沒有詩！他們可能會這麼說：牽牛花在日本是極為常見的花，特別是在鄉下。沒有人會去照料一株牽牛；牽牛開的花再普通也沒有了。牽牛花裡沒有任何足以引發詩人讚賞的東西！至於千代去向鄰人要水，實在是相當愚蠢。為什麼不解開纏住水桶的蔓莖就好，或者乾脆掐斷它？這件事再簡單也不過。還為這種無聊乏味的事寫一首俳句——誰能在裡面找到任何浪漫的成分？這件事不值得書寫，連十七個音節都是浪費。

對於這種「實事求是」的詮釋，我要這樣回答：對那些平庸的人來說，所有的事都是無聊乏味的，都只有實用的價值。有一件事，他們要不是忘了，就是沒有能力理解。那就是當人處在某種心境下——我認為那是種神聖的心境——的時候，即使是那些日常生活中最平凡的事物，那些我們擦身而過、毫不在意的事物，也能激發我們一種從未經驗過的，深刻的宗教性或精神性情感。那是一個人忘記自我，成為詩人的時刻。千代就是這樣的一個人，並且為我們留下不朽的俳句。

我想指出的是，當千代在清晨（那是欣賞牽牛花最好的時刻）看到了牽牛花的那一刻，她完全消融在它超越塵世的美之中。整個宇宙，包括千代本身，化為一朵純粹的、絕對的，兀自綻放的牽牛花。禪會這麼說——在那一刻，千代「真正」看到了花朵，花也反過來注視著這位詩人。這是主體與客體，觀看者與被觀看者的完美合一。整個宇宙是一朵挺立的花，一朵真正的花，超越所有改變與腐朽。沒有人在觀看它、讚賞它；是花在觀看自己，消融在自己之中。在這至高無上的時刻，說任何話，即使只是一個字，都是多餘的。然而千代終究是人。當她從幻夢中恢復過來，不禁輕輕地脫口而出：「早晨的牽牛花呀！」

有那麼一陣子，除了這句話，她再也說不出別的來。過了一些時候，她才想起自己是為了每日生活所需，前來打水的。就算在這時候，她也不願意去碰觸那朵花，因為那將是一種褻瀆的行為。不少虔誠的靈魂，都有過這樣的感覺。其中一位寫了這樣一首和歌：

若是折了它
我的手將玷污它
讓它立在原野
就這樣獻給三世之佛
過去、現在與未來

折りつれば
たぶさにけがる
立てながら
三世の仏に

花たてまつる

千代想都沒有想過要拆開纏繞著的蔓莖，好讓自己可以用那桶子。所以她去找鄰人要水。俳句的作者，通常不會在詩句裡直白地說出自己內心發生的事。他最多只是如實地羅列出那些感動他，或是激發他的事物。而這些事物整體的意義，則留給讀者依據自己詩的經驗、或精神上的直觀，去建構、詮釋。這種詮釋的結果經常與作者原先的意圖不同，但這不是很重要。一首俳句呈現在我們眼前，我們可以自由地判斷它的藝術價值。無論如何，人不可能超出他真正擁有的判斷力。對一個純淨的心靈來說，一切都是純潔的。世界終究是我們主觀建構出來的東西。只要每個人都有他自己的內在生命，就沒有所謂絕對客觀的真實。我們可以說，這件事就存在於俳句的本質之中，構成了俳句之美。

當千代看到那朵花，她忘了自己；但是當她回到日常的意識平面，發現自己手中的空桶，想起自己原本要做的事，於是她去找鄰居。要不是她有一顆俳人的心，她很可能會井然有序地展示一些想法，仔細地描述她看到的絕世美景。但這樣一來，她寫的就不會是十七個音節的俳句，而會是一首西方的詩。千代是日本人，誕生在祖先流傳下來的文化環境中，因此她不由自主地，用今天我們看到的這首俳句，來表達她自己。對日本的天才們來說，俳句這種詩的形式，為他（她）們的藝術衝動，提供了最自然、最合適、也最具生命力的出口。或許也是因為這個原因，只有日本的心靈才能完全理解俳句的價值。外國評論家的感受方式，和日本人的感受力並不一致；因為他們不是誕生在那樣的風土氣候，不是在那樣的文化傳統中長大，很難進入俳句的精神之中。想要了解俳句中的禪的精神，徹底熟悉日本人的心理與生活環境，是極其重要的。

# 七

為了顯示充分了解日本的生活環境——物質上的，道德上的，美學上的，以及哲學上的——有多麼重要，我要引用另外一首俳句；這一次是与謝蕪村（一七一六至一七八四）的作品。蕪村是江戶時代末期的俳人，也是位傑出的畫家。

釣鐘に
とまりて眠る

停在吊鐘上
睡著了的
是蝴蝶吧

胡蝶かな

如果我們不了解寺鐘與蝴蝶會激起日本人什麼樣的聯想，就很難充分理解這些詩句。這首俳句的季節顯然是初夏，因為蝴蝶通常在一年的這個時候大量出現，引發人們的詩興。蝴蝶令人聯想到花。初夏的花盛開在寺廟的庭院裡，在吊鐘懸掛的地方。想像力把我們帶到一個遠離都市的山寺；我們看到潛心冥思的僧侶，老樹，野花，或許還有淙淙作響的山澗。這一切都暗示我們寧靜的、超脫俗世的氛圍，不受人類的貪婪與紛爭打擾。

鐘樓並不高，離地不遠。我們可以很清楚看到吊鐘，也能走近觸摸它。吊鐘是用青銅結結實實鑄成的，呈圓筒狀，顏色厚重陰暗。它從橫梁上垂掛下來，象徵著恆定不動。當人們用橫懸的鐘杵（直徑約十五公分、長約兩公尺的粗壯圓木）敲擊吊鐘，它會發出一連串令人心神安寧的聲波。低沈的轟隆聲是日本寺鐘的特色之一。有時候我覺得，佛教的精神彷彿透過這鐘樓送出的共鳴而震動；特別是在倦鳥歸巢的黃昏。

讓我們從自然的、歷史的、精神的角度，來看看這樣的場景。一隻小白蝶棲息在巨鐘上睡著了。這樣的對比，立刻從許多方面給我們深刻的印象。蝴蝶是一種嬌小、瞬間即逝的生物，活不過一個夏天。但是在活著的時候，它淋漓盡致地自得其樂，在花朵間翻飛，有時候在慵懶的陽光下小憩。而這時候，我們發現它心滿意足地在令人敬畏的巨鐘——永恆價值的象徵——的邊緣打盹。不論是大小或份量，這小蟲子和鐘都形成強烈的對比；在顏色的方面也是。這優雅、纖細的白色小生物，在青銅厚重陰暗的背景襯托下，顯得特別醒目。即使只是從描寫的觀點來看，蕪村的俳句也已經充滿詩意；它將山寺庭院初夏的景象，描寫得如此生動美麗。但如果它沒有走得更遠，也不過就是些精巧的措詞罷了。有些人可能會覺得，蕪村寫這首俳句的時候多少有些玩心，讓蝴蝶睡在寺鐘上。隨時都可能有粗心的和尚來敲鐘，轟轟隆隆的振動一定會嚇跑那無辜的小傢伙。人類的生命不也是如此嗎？對於即將到來的事情——不論好事或壞事——毫無意識。我們在火山口跳舞，完全沒想到它可能隨時會爆發，就像蕪村的蝴蝶一樣。因為這個理由，有些人在蕪村的詩句中尋找道德的教訓，視為對我們輕浮的人生態度之警告。這樣的詮釋也不是不可能。無常的命運總是伴隨著我們此世的生命。如今我們試圖用所謂的科學來避開這樣的命運，但我們的貪婪一直都在，隨時準備伸張自己，讓所有「科學的」計算化為烏有。即使大自然不摧毀我們，我們也會摧毀我們自己。從這個面向來看，我們遠遠不如蝴蝶。我們自以為傲的、小小的「科學」，讓我們意識到環繞在四周的所有不確定，催促我們用觀察、測量、實驗、抽象、系統化等等方法，來掃除它們。但是，有一個巨大的不確定——「無常」——來自於「無知」，而且是其他所有不確定的來源，使我們一切「科學的」算計化為烏有。面對無常，面對這個不安，人類並沒有比睡在鐘上的蝴蝶好到哪裡去。如果我們真的能在蕪村的身上看到幽默的玩笑，那他開玩笑的對象是我們自己。那是朝向宗教意識覺醒的一種反省。

但是在我心裡，蕪村的俳句還有另外一面，顯示出他對生命的深刻洞見。他以蝴蝶與鐘的意象，表現出他對「無意識」的直觀。在蕪村的眼裡，就蝴蝶的內在生命來說，牠並沒有意識到鐘與牠自己是分別的存在；事實上，牠並沒有意識到自己。當蝴蝶飛到鐘上睡覺之前——鐘就像是所有事物的基礎，是它們最後的庇護所——牠可曾事先像人類那樣，起了分別心？當和尚撞響了午時的鐘聲，蝴蝶感受到振動而飛走，牠可會後悔自己盤算錯誤？或者，牠可曾為

「意料外」的巨響嚇了一跳？我們是不是過度以人類的頭腦，在解讀蝴蝶的內在生命、我們自己的生命、甚至「生命」本身？生命和佔據我們膚淺意識的種種分析，真的有任何關係嗎？在我們每一個人裡面，難道沒有一種遠比我們智性的思辨更深遠、更廣大的生命——「無意識」本身的生命，我所說的「宇宙無意識」？只有當它與更基本的某種東西——也就是，「無意識」——聯結在一起，我們意識中的人生，才會得到真正的意義。蕪村俳句中的蝴蝶，代表了內在的生命，也就是我們的宗教生命。內在的生命既不知道鐘象徵了永恆，突然響起的鐘聲，也絲毫不讓它覺得苦惱。它已經盡情地在開滿山林的、美麗芳香的繁花之間翩然飛舞；如今它累了，翅膀在載運那小小的身軀一段時間後，渴望休息。總是喜歡區別的人類，通常稱呼這樣的生命形態為「蝴蝶」。寺鐘紋風不動地懸掛著，蝴蝶棲息其上，因為疲倦而睡去。跟著，牠感覺到振動，但那既不是牠預期的，也沒有出乎牠的意料之外。牠只是感覺到這個事實，淡然離開，就像牠淡然地到來。牠沒有「分別心」，因此牠免於焦慮，擔心，懷疑，猶豫等等。換句話說，牠活在絕對的信心與無懼之中。是人類的心智讓蝴蝶活在「分別」之中，讓牠對生命缺乏信心。蕪村的俳句真正充滿了最重要的宗教直觀。

我們可以在《莊子》中讀到這樣一段：「昔者莊周夢為胡蝶，栩栩然胡蝶也，自喻適志與，不知周也。俄然覺，則蘧蘧然周也。不知周之夢為胡蝶與，胡蝶之夢為周與？周與胡蝶，則必有分矣。此之謂物化。」

不論「分」與「物化」究竟是什麼意思，當莊子是莊子的時候，他就是莊子；當蝴蝶是蝴蝶的時候，牠就是蝴蝶。「分」和「物化」是人類的用詞，完全不適合蕪村、莊子與蝴蝶的世界。

蕪村的直觀，也可以在芭蕉描寫蟬的俳句中看到：

不久就要死去
景色不復可見
蟬之聲

やがて死ぬ
けしきは見えず

蟬の声

大部分的評論者，認為這首俳句說的是生命的短暫。而我們沒有自覺到這一點，耽溺在各種享樂之中，好似放聲高歌的蟬，以為自己將永遠活下去一般。評論家主張芭蕉用我們熟悉的具體事例，給了我們一個道德與精神上的訓誡。但是在我的看法裡，這種詮釋貶低了芭蕉對於「無意識」的直觀。頭兩行（或是前十二個音節）毫無疑問是一個人類對生命的短促所做的反省，但這樣的反省只不過是最後一個句子的前言。「蟬之聲」，蟬的歌唱「唧唧！唧唧！」，才是整首俳句的重心。「唧唧！唧唧！」是蟬主張自己的方式；換句話說，讓他者知道其存在的方式。當蟬這樣做的時候，牠是完全的；牠滿足於牠自己，滿足於這個世界，沒有人能否定這個事實。是我們人類的意識與反省，把「生命短促」的觀念強加在蟬身上，好像牠對自己即將到來的死亡欠缺思慮。然而對蟬本身來說，牠沒有人類的憂慮擔心，牠不為自己短暫的生命煩惱——儘管隨著天氣漸涼，牠的生命隨時可能結束。但只要牠還能歌唱，牠就是活著的；而只要活著，當下的生命即是永恆。擔憂生命的稍縱即逝，又有什麼用處？當我們苦心思索尚未到來的明天，蟬說不定正嘲笑著我們呢。蟬一定會對我們引用神的訓示：「你們這小信的人哪！野地裡的草今天還在，明天就丟在爐裡，神還給它這樣的妝飾，何況你們呢！」（馬太福音第六章三十節）

「無意識的直觀」另一個說法，就是信心。觀音是「賜與無懼」的菩薩；給予信仰他的人「無懼」，也就是信心與直觀。所有的俳人都信奉觀音，他們都有無畏的精神。因此，他們能夠了解蟬與蝴蝶的內在生命；他們知道，蟬與蝴蝶不畏懼明天，以及任何屬於明天的事物。

關於「禪悟」的無分別心的經驗，以及俳句詩人對「無意識」的直觀之間的關係，我希望自己至少成功地闡明了其中的一個面向。我們也看到了俳句這種詩的形式，只有在日本的心靈與日本的語言之下，才可能存在。對於俳句的發展，禪的貢獻是可觀而可敬的。

## 八

在談論茶道的章節裡，我曾經提到最為茶人們所熟知的概念：「侘」與「寂」。那是真正構成茶道精神的東西。「侘」在字面上意味著「孤絕」、「孤獨」、以及更具體的「貧窮」。我們可以說，「侘」反應了禪的精神，是日本文化整體的特徵。我所說的「貧窮」不只是經濟上的，同時也是精神上的。事實上，所有的宗教都推崇貧困的生活。耶穌基督強調精神上的貧窮的重要性，因為天堂是為他們預備的。所謂的「主禱文」將貧窮的生活，視為至高無上的幸福。回想一下這些話語：「日用的食糧」、「債」、「負債者」，還有「不要為明天憂慮」、「主人桌上掉下的麵包屑」、「匠人所棄的石頭」、「從嬰孩和吃奶的口中建立了能力」、「駱駝穿過針眼」等等——這些都顯示出基督徒是如何推崇貧窮的美德，不論是物質上的或精神上的。禪很自然地，也同樣讚許貧窮；因為只要我們執著於某些事物，只要我們執著於擁有，我們就永遠不可能自由。甚至生命也應該被捨棄，因為「得著生命的，將喪失生命；為我喪失生命的，將得著生命」。貧窮就是禪，俳句亦復如是。我們無法想像一首滿溢著觀念、思想與意象的俳句。俳句就是孤獨本身。芭蕉就是這種精神的體現。

首先，他是個偉大的流浪詩人，一位最熱情的自然愛好者，一個自然的遊吟詩人。他用他的一生，在日本各地旅行。幸運的是，在他的時代沒有鐵路。現代生活的便利性，與詩是格格不入的。現代的科學分析與機械化的精神，無法容忍任何未解的神秘；但是在沒有神秘、沒有驚嘆的地方，詩與俳句無法生長。科學帶來的麻煩，來自於它試圖消滅所有的不確定；科學希望看到所有的事物都是赤裸的，它容不下任何未經分析、未暴露的事物。在科學支配的地方，想像力撤退。幸好科學並非全知，亦非全能；我們永遠可以找到容納俳句的空間，詩始終能夠生存。

生活在現代的我們，全都被迫面對所謂的「鐵的事實」，或是俗稱的「客觀真理」。我們的心靈因而僵化。在沒有柔軟、沒有主觀性的地方，詩離我們遠去。在乾涸的沙漠中，草木不可能萌芽。芭蕉的時代，生活還不像現在這麼無趣、緊繃。對於漂泊的詩人來說，一頂竹笠、一支手杖、一個布袋即已足夠。他會在任何村落，或是任何觸發他想像力的地方，暫時歇腳，享受一切降臨在他身上的經驗——當然，也包括這種原始旅行方式的艱辛。但我們不能忘記，當旅行變得越來越容易、越來越舒適，也就失去了它精神上的意義。這或許可以說是感情用事，但旅行所產生的某種孤獨感，確實能引人思索生命的意義；因為生命終究來說，就是從一個未知，旅行到另一個未知。分配給我們的七十、八十、甚至是九十年的歲月，並不是讓我們拿來解開神秘的面紗的。過於順遂的人生旅程，將使我們忘記這永恆的孤寂。

芭蕉的旅行日誌《奧之細道》中的一篇序言，讓我們看到他無可抗拒的、旅行的渴望：

「日月是永恆的旅人，季節也是。它們來了又去，年復一年。那些在漂浮的船上度過人生的人，那些手執轠繩垂垂老去的人，旅行是他們的天職。許多古人在旅途中死去。

記不得從什麼時候開始，我感受到對漂泊人生的強烈渴望，想要將自己託付予隨風飄蕩的、孤獨的雲。在海邊度過一段時日後，去年秋天起，我終於在河畔一幢頹壞的小屋定居下來。拂去經年的蛛網後，好歹恢復可以住人的狀態。

但是當歲末將近，我那漂泊的靈魂又開始激烈地聲張自己。好像有某種超自然的存在盯上了我，它的強烈誘惑使我無力抗拒。我滿腦子只想在來春瀰漫著濃霧的天空下，造訪白河的關口。我的心失去了平靜。我急急忙忙紮好綁腿，為竹笠換上新的繫繩，用艾草灸我的三里穴。終於，我把小屋讓渡給一位朋友，向著北方出發。松島的月光，早已充盈我心。」

有一位芭蕉的前人，是鎌倉時代的西行（一一一八至一一九〇）。他也是位旅行詩人。在辭去宮廷衛士的官職後，他將生命全數奉獻給旅行與詩。他是位佛教僧侶。在日本旅行過的人，必定看過這樣一幅畫：一位旅行裝束的和尚，獨自一人望著富士山。我忘了作畫的人是誰，但這幅圖畫使我想到許多事情，特別是人生神秘的孤獨。但那不是為世人所棄絕的感覺，也不是孤獨令人消沈的一面，而是某種對於「絕對」的奧秘之領略。西行的詩這樣說：

向風俯首

富士山的煙
消失在空中
不知去向何方
我的思緒啊

風になびく
富士の煙の
空に消えて
ゆくへもしらぬ
わがおもひかな

芭蕉不是和尚，卻是個誠心的禪徒。初秋時分、偶有陣雨的時節，大自然就是永恆孤寂的體現。樹木禿了，山呈現嚴峻的顏色，溪水更加清澈。而到了倦鳥歸巢的黃昏，孤獨的旅人陷入深深的思索，思索人類的命運。他的心境，隨著大自然流轉。芭蕉這樣吟詠：

「旅人」
就讓他們這樣叫我
秋末的第一場陣雨

**旅人と**
**我が名呼ばれん**
**初時雨**

我們所在的世界，是經驗性的、相對的世界。我們不必然都是修行者。但難道不是每個人心中都有一種永恆的渴望，渴望一個超越此世的世界，一個靈魂可以平靜地冥想自己命運的地方嗎？我不知道。

在芭蕉出現之前的俳句，只是一種文字遊戲，無法觸及生命。我們已經看到，佛頂禪師向芭蕉探問事物的終極真理。就在這時候，芭蕉正好看見一隻青蛙跳進古老的池塘；濺水聲打破了整個情境的平靜。芭蕉突然明白了一切——生命來自沒有開始的起點，走向沒有盡頭的終點。在那之後他成為一位藝術家，注視著自己的心靈在接觸到這個不斷生成變化的世界時，所產生的每一種心境；結果為我們留下許許多多十七個音節的詩句。芭蕉是一位「永恆孤寂」的詩人。

他還有這樣一首俳句：

枯枝上
烏鴉棲息
秋之暮

**枯枝に**
**烏のとまりけり**
**秋の暮れ**

形式的精簡，並不代表內容的貧瘠。在這隻棲息於枯枝的、孤單的烏鴉背後，還有許多沒有說出來的話。所有的事物都來自神秘的未知空間；我們可以透過任何一件事物，瞥見那空間。要傳達這驚鴻一瞥所喚醒的情感，不需要長達數百行的巨大詩篇。當一種情感到達極致，我們只能沈默；因為沒有任何言詞是夠格的。甚至十七個音節都可能太多。日本的藝術家或多或少都受到禪的影響。不論面對什麼樣的情況，他們傾向於用最少的字句或筆觸，來表達他們的感受。當情感被過度表達，就沒有未知的容身之處；而日本的藝術，就從未知開始。

根據芭蕉的看法，我們在這裡稱為「永恆的孤寂」的精神，就是「風雅」（有些人稱之為「風流」）。「風雅」意味「生活的精煉」，但並非現代意義下的「生活水準的提高」。那是對生命與自然的純樸享受，那是對「寂」與「侘」的渴望，而不是對物質舒適或感官的追求。「風雅」的生活，從認同大自然的創造性與藝術精神開始。一個「風雅」的人，在花與鳥、岩石與水、雨與月之中，找到他的朋友。芭蕉在《吉野紀行》的序言中，說他自己和西行（一一一八至一一九〇）、宗祇（一四二一至一五〇二）、雪舟（一四二〇至一五〇六）以及利休（一五二二至一五九一）這些藝術家是同類人。說到對大自然的愛好，他們都是「風羅坊」，都是瘋子。芭蕉的序言是這樣說的：

「這由百骸九竅組成的身軀中有某些東西，暫且稱之為『風羅坊』。那指的不就是襤褸的薄袍，在風中飄搖？長久以來這傢伙一直熱衷於寫作狂句，因為他認為那就是他的天職。然而有時候他感到厭倦，想要將之丟棄；有時候野心勃勃，意欲在俳諧領域中出類拔萃，為世俗事物所分心，不得安寧。的確，他經常嚮往世俗的地位；但是他對俳句的熱愛，終究壓過了這個想法。如今他終於明白，自己無能無藝、一事無成，唯獨堅定不移地追求一條路——那是西行以和歌、宗祇以連歌、雪舟用繪畫、利休用茶道追尋過的同一條路。驅動他們創作的，是同一種的精神，也就是『風雅』。風雅中人遵循造化（天地自然），以四季為友，所見之處無不有花，所思之事無不有月。不見花則野蠻，不思月則淪為鳥獸。我欲出脫野蠻，離鳥獸之境，接受天地自然，返回天地自然。」

芭蕉稱他自己是「風羅坊」——「生命像風中薄紗的人」。這使我們產生許多有趣的聯想；自古以來「風」就充滿了不可知。我們不知道風來自何處，吹向何方。但是風繼續吹，帶來各種奇妙、不可預期的現象。莊子形容得很好；他說風是「地籟」。耶穌基督用風來比擬聖靈：「風隨意而吹，你聽見風聲，卻不知道它從哪裡來，往哪裡去。所有由聖靈而生的，也是這樣。」（約翰福

音第三章八節）

一位日本詩人這樣寫道：

秋天來了
雖然眼裡看不分明
但是聽風的聲音
我知道

秋来ぬと
目にはさやかに
見えぬども
風の音にぞ
おどろかれぬる

道家哲人列子，對於「風」有一種神秘的看法。我將引用完整的故事，因為它充滿了典型的道家精神。長久以來，這樣的精神徐徐注入禪的感受性之中，也影響了俳人看待生命的態度。

「列子拜老商氏為師，與伯高子為友，學會了兩人的御風之術，便自己駕風回家了。尹生聽說了這件事，拜列子為師，與列子同住數月，不曾回家探視。一有機會，就要求列子教他御風術，前後問了十次，列子都默而不答。尹生失去耐性，宣稱要離去，但列子還是不理睬。於是尹生離開。但過了幾個月，他的心一直靜不下來，於是他又回來，再度成為列子學徒。

列子問道：『為何這麼不厭其煩地來來去去？』

尹生回答：『之前，我請求先生指導，但您什麼也不說。這使我惱怒。現在我怨氣已消，所以又回來了。』

列子說：『原本以為你是個有悟性之人，沒想到粗鄙至此！讓我告訴你，我跟我的師父學到了什麼。我師事老商，與伯高為友，過了三年，心不敢想是非，口不敢說利害，師父才第一次望了我一眼。只有一眼。

『五年之後，我又開始心想是非對錯，又開始口說利害得失，師父才解顏一笑。

『七年之後，我從心之所念，卻已無是非；隨口之所云，卻更無利害。師父終於引我入席，坐在他身旁。

『九年之後，我的心得以任意思索，口得以自由言語。我不知道我的是非利害，也不知道他人的是非利害。我不知道師父是我的師父，友人是我的友人。我的內外皆空。在那之後，眼如耳，耳如鼻，鼻如口，一切皆同。我的心神凝聚，形體釋放，骨肉消融，完全不覺身體倚於何處，腳下踩的是什麼，就像枯葉樹皮，隨風東西。事實上，我不知道是風乘著我，還是我乘著風。而今你在你的師父家裡待了還不滿一季，就已怨懟再三。大氣不會接受你的片體，大地不會承載你的一節。你要如何履虛乘風？』

聽了這番話，尹生羞愧難當，幾乎不敢呼吸。有很長一段時間，他的嘴裡羞於吐出任何一個字。」

然而，莊子對列子還不是很滿意。因為列子要駕風，還是要等風起。莊子不需要風；事實上他不需要任何外在的東西。

「列子御風，任意而行，那很好；有時他一出去就是十五天。甚至在那些有福的人之中，他也是少數。不過，這樣他雖然不用走路，還是得等風吹起。

若是能掌握天地之真理，駕馭六氣的變化，遨遊於無窮，又有什麼好等待的？那才是真正的逍遙！所以至人視『我』為無物，神人視『功』為無物，聖人視『名』為無物。」

不管道家的哲學家有什麼主張，列子和莊子說的是同一件事，因為他們都是「無窮」中的旅人。萬物始於無窮，回歸無窮。芭蕉必定熟悉這些神秘的經典。中國人的心很實際，然而他們經常渴望打破那禁錮心靈的因循藩籬。但日本人的心緊緊依附於大地，他們永遠不會忘記——不論以什麼方式——生長在腳下的青草。芭蕉深深浸潤在道家思想裡，這一點毫無疑問；但他並沒有乘風飛去，忽視身旁的事物，或是與平凡的日常生活斷了聯繫。

有一句許多人喜愛的禪語是這麼說的：

過了這些年
我的袍子破爛不堪
有一半
已隨風飄去

這種種想法，讓我從俳句與日本人特質的關係，挑選、分析了幾首作品。俳句大師們，都是些一貧如洗的詩人。雖然貧窮經常使人變得自我中心，他們卻沒有；否則他們也無法成為詩人。詩人首先必須無我，才能伸開雙臂，擁抱整個宇宙。越後的良寬（一七五八至一八三一）不但讓許多蝨子住在他的內衣裡，而且當「他的黑袈裟不夠大，收容不了所有窮人」的時候，偶爾還讓它們出來透透氣。良寬或許是極端的例子。但無論如何，一個俳人如果真的想成為俳人，就不能聽任「自我」囂張跋扈，不論在任何情況下。

沿著山路走來
是什麼觸動了我啊
這紫羅蘭

山路来て
なにやらゆかし
すみれ草

「なにやらゆかし」很難轉譯成其他語言。「なにやら」意思是「不知何故」。至於「ゆかし」，我會選用這樣的字眼：「迷人」、「甜美」、「纖細高雅」、「引人注目」等等。日文的「ゆかし」包含了這所有的意思，但它的含義不僅如此。「ゆかし」還意味著某種更深刻的性質，某種吸引人的神秘力量，同時使人敬重，不敢靠得太近。

在看到草叢中的幾朵紫羅蘭之前，芭蕉想必已走了一段長長的崎嶇山路。紫羅蘭不是種驕矜的花，不怎麼起眼；某種意義下，它們很樸素。但就在這樸素平凡之中，有著某種甜美與魅力。一方面它又是莊重的，令人不敢狎近褻玩。它們低調的莊嚴與率真的平凡，必定以神秘莫測的方式，感動了芭蕉。所以他才寫下了這樣的句子：「なにやらゆかし　すみれ草」。

芭蕉還有一首俳句，描寫一種卑微的白色小花，日本人稱它為「薺」（なずな），中文則稱為「薺菜」。薺菜的英文名字是「牧羊人的錢包」（shepherd' s purse）。它的花一點也不漂亮迷人；和紫羅蘭比起來，它微不足道。我懷疑除了芭蕉，還有誰會以它入詩。

細心看去
薺菜的花開了
在坍塌的牆角

よく見れば
なずな花咲く
垣根かな

在鄉間為人遺忘的斷垣殘壁下，這謙遜的小草如何開著花？芭蕉的俳句沒有太多著墨。一開始，芭蕉注意到路旁有一些白色的東西。那是什麼？他狐疑地走近，仔細觀察，發現那是開花的薺。通常人們只是路過，不會注意到它。這樣的發現必定喚起了他許多情感，但在這十七個音節中，他完全沒有說出來。他把發現與領略的樂趣，留給讀者。那麼，我們該如何詮釋這首俳句？

華滋華斯在他的《不朽的暗示》中，有這樣的句子：

一棵尋常的樹，一棵
一畝我曾經照料的田地
都述說那已逝去的事物
足畔的三色堇
複誦同樣的故事：
想像的光芒，逃向了何方？
而今何在，那榮耀與夢想？

——But there's a Tree, of many, one,
A single Field which I have looked upon,
Both of them speak of something that is gone:
The Pansy at my feet
Doth the same tale repeat:
Whither is fled the visionary gleam?
Where is it now, the glory and the dream?

薺菜的花，是否喚醒了芭蕉關於失樂園的記憶？華滋華斯提到了三色堇。三色堇繽紛多彩，和薺菜完全不同。我懷疑薺菜的花是否能夠吸引這位英國詩人佇足，並且俯身細細觀察？

另一位偉大的英國詩人丁尼生（Alfred Tennyson，一八〇九至一八九二），有一首著名的作品《牆縫裡的花》：

牆縫裡的花
我將你拔起
連根握在手中
你只是一株小花——但如果我能知道
你是什麼，你的根以及一切的一切
我將知道神是什麼，人是什麼

Flower in the crannied wall,
I pluck you out of the crannies,

I hold you here, root and all, in my hand,
Little flower — but if I could understand
What you are, root and all, and all in all,
I should know what God and man is.

丁尼生在這裡的態度是探究的，他的口吻是哲學的。他覺得，如果他能夠認識手中的東西——這株小白花，包括它的根和其他一切——他就能知道神是什麼，人是什麼。芭蕉也有相同的探究心嗎？不，他的心靈完全不同。首先，他絕對不會無情地將可憐的小薺菜花「連根拔起」，握在自己手中，問自己任何問題。芭蕉的認識，比丁尼生更深。他不是熱衷於分析與實驗的科學家，也不是哲學家。當他看見開著白花的薺菜，如此謙卑、如此無邪，生長在其他植物之中，卻能夠保有完整的個性，他立刻明白，這株小草不是別的，就是他自己。如果這小薺菜花的妝扮勝過「所羅門極榮華的時候」，那芭蕉也以同樣的方式受到妝扮。如果它「今天還在，明天就丟在爐裡」，那芭蕉的命運也是一樣。有一位禪師聲稱，他可以將一片草葉化為六公尺高的巨大佛像，同時也能把佛的身體變為一片草葉。這是「存在－生成」與「生成－存在」的奧秘。這是自我認同，以及萬物相互穿透、相互融合的奧秘。

有一天，文殊菩薩要善財童子拿一株藥草來給他。他加上這樣一句叮嚀：「找一株沒有藥效的。」善財童子到外頭去找，但徒然無功。他回來報告：「原野上沒有一株草是沒有藥效的。」文殊說：「那就帶給我一株有藥效的。」善財童子在附近隨便撿起一根草，遞給文殊。文殊接過來，並且這樣說：「這株草是有藥效的。它可以奪走生命，也可以賜與生命。」芭蕉，薺菜，還有文殊手中不知名的小草——每一樣的內在，都具有這神秘的力量。芭蕉在細心觀看斷垣下的薺菜花時，心裡可曾浮現這些？

最後我將補充幾句話，作為附筆。一般而言，西方的詩本質上是二元論的，人格主義的，探究的與分析的。當一位詩人看到「路旁的櫻草（primrose）」，他這樣問：

如此美好與自由的事物
有可能來自塵土嗎？

Can anything so fair and free
Be fashioned out of clay?

當他看見一朵玫瑰，他認為那是造物者施行神蹟：

只是不經意地看著一朵玫瑰
我們沈思神蹟
是誰給了它香氣
以及莊嚴的光芒？

We muse on miracles who look
But lightly on a rose!
Who gives it fragrance or the glint
Of glory that it shows?

華滋華斯或許會注視「滿布青苔的石頭旁，一朵若隱若現的紫羅蘭」，但他關心的並不是紫羅蘭本身。這朵小花引起他的注意，只因為它使他想起一位鄉間少女的命運——她的生命，她的死亡，既無人知曉，亦無人讚美。紫羅蘭開花，紫羅蘭凋謝，同樣無人知曉，無人讚美。但若不是因為思念自己的愛人，詩人不會理睬它。他對它的浪漫思緒，只因為聯想到個人的利益。

只有「想到上帝」，「飄落在草地上，有白、有綠」的雪花看起來才是「無垢、無染」的。如果不是因為上帝，它就不會「如此聖潔、如此緩慢」。如果不是因為上帝，它絕不會「迸裂塵封的黏土」。它註定要「消亡」，而且絕不會讓你想要在一旁「屈膝」。

另一位詩人謳歌玫瑰：

他走來，執我的手
領我到紅色的玫瑰樹前
他把意義留給自己
卻給了我一朵玫瑰

我不祈求他為我揭開奧秘
透過玫瑰我聞到天堂的氣息
看到他的容顏
這就夠了

He came and took me by the hand
Up to a red rose tree,
He kept His meaning to Himself
But gave a rose to me.

I did not pray Him to lay bare
The mystery to me.
Enough the rose was Heaven to smell
And His own face to see

詩人為什麼需要將「他」帶進玫瑰裡，才能「聞到天堂的氣息」，才能「看到他的容顏」？玫瑰的如實存在，玫瑰的本身，不就是那「奧秘」？何須仰賴一個陌生人？芭蕉不需要二元論，也不需要人格主義（personalism）。

黃水仙、紫羅蘭、風信子、百合、雛菊、馬鞭草、三色堇等等，都不曾逃過西方詩人青睞；但最強烈吸引他們的，還是玫瑰。接下來這首關於玫瑰的詩，是斯塔德爾特－甘迺迪（G. A. Studdert-Kennedy，一八八三至一九二九）的作品，以數種不同的方式，道出了典型西方與基督教的情感：

所有的奧秘
在這朵花之中相遇
交纏
放諸四海，無可置疑
人與神
交融在唯一且完美的
愛的結合中

當我注視著這朵玫瑰

基督的淚在它裡面
他的血將它染紅
若不是他
我看不見這朵玫瑰
因為他引我到上帝的愛
那是所有美的泉源
我和我的玫瑰
為一

· · · · · ·

All mysteries
In this one flower meet
And intertwine,
The universal is concrete,

The human and divine,
In one unique and perfect thing, are fused
Into a unity of Love,
This rose as I behold it;

. . . . . .

The tears
Of Christ are in it
And His Blood
Has dyed it red,
I could not see it but for Him
Because He led
Me to the Love of God,
From which all Beauty springs.
I and my rose
Are one.

在引文的前半，作者是哲學性的；而在第二段，或許他是宗教性的。但是，為了讓玫瑰與我合而為一，竟然需要「血」與「淚」這樣的意象與象徵！

國家圖書館出版品預行編目 (CIP) 資料

禪與日本文化 / 鈴木大拙著；林暉鈞譯．── 初版．──
新北市：遠足文化，2018.10 面；公分．──(傳世；04)
譯自：Zen and Japanese culture
ISBN 978-957-8630-79-6 (平裝)
1. 禪宗 2. 佛教哲學 3. 日本

226.86 107015367

傳世 04

# 禪與日本文化：探索日本技藝內在形式的源頭

Zen and Japanese Culture

作者 ──── 鈴木大拙
翻譯 ──── 林暉鈞
執行長 ─── 陳蕙慧
總編輯 ─── 郭昕詠
編輯 ──── 徐昉驊、陳柔君
行銷總監 ── 李逸文
資深行銷企劃 張元慧
排版 ──── 簡單瑛設
封面插畫 ── 黃正文
封面設計 ── 霧室

社長 ──── 郭重興
發行人兼
出版總監 ── 曾大福
出版者 ─── 遠足文化事業股份有限公司
地址 ──── 231 新北市新店區民權路 108-2 號 9 樓
電話 ──── (02)2218-1417
傳真 ──── (02)2218-1142
E-mail ─── service@bookrep.com.tw
郵撥帳號 ── 19504465
客服專線 ── 0800-221-029
網址 ──── http://www.bookrep.com.tw
Facebook ── 日本文化觀察局 (https://www.facebook.com/saikounippon/)
法律顧問 ── 華洋法律事務所 蘇文生律師
印製 ──── 呈靖彩藝有限公司

初版一刷 2018 年 10 月
Printed in Taiwan